CARLA KASPARI

FREIZEIT

Roman

Kiepenheuer
& Witsch

ERSTER TEIL

EINS

Dass es vorbei war, stellte Franziska schließlich auf einer Party fest. Sie beobachtete Cyril vom anderen Ende des gedrungenen Raumes, der mit Luftballons, mittellauter Musik und zwei bunt melierten Sofas auf hellem Laminat billige, aber ehrliche Atmosphäre schuf. Die LED-Glühbirne der Deckenlampe beschien das Geschehen auf eine ungemütliche Art und ließ alles so wirken, als würde es an einem winterlichen Nachmittag in einem Büro passieren.

Cyril hatte gerade niemanden zum Reden und saß allein da. Das hier waren Franziskas Freunde und nicht seine. Er schlug sich gut, auf die anderen wirkte er aufgeschlossen und kommunikativ, freundlich. Später würden sie sagen, dass er nett sei, und es so meinen.

Franziska wusste, dass Cyril sich an diesem Abend stark langweilte. Er hatte von Tag eins an nichts vor ihr verbergen können.

Cyril strengte sich an, nicht klettenhaft an ihr zu hängen, hangelte sich dafür von Small Talk zu Small Talk, Getränk zu Getränk, zwischendurch ein vertrauensvoller, rückversichernder Blick in Franziskas Richtung: Toll, wie ich es mache, oder?

Ja, toll, wie du das machst. Wie viel Mühe du dir gibst.

Franziska hatte an einen Hund gedacht und sich dafür geschämt.

In diesem Moment hing Cyrils Blick irgendwo, nur nicht in diesem Raum. Er hatte kurz zuvor unter dem Vorwand, sich ein Getränk zu holen, eine angestrengt wirkende Unterhaltung mit Mehmet beendet. Cyrils Mimik war kurz nach dem Gespräch in eine Ausdruckslosigkeit gefallen, die selbst Franziska überrascht hatte. Sie erinnerte sich im Nachhinein häufig an diese Ausdruckslosigkeit.

Im Hintergrund lief ein glatt produzierter elektronischer Song mit wiederkehrendem Vocal-Sample. Eine weibliche Stimme rief etwas über die Melodie, das wahrscheinlich nach einer afrikanischen Sprache klingen sollte. Franziska schaute irgendwie auf das helle Laminat. An manchen Stellen war es verkratzt. Ihr fiel auf, wie sie die rechte Hand zu einer Faust ballte und etwas ihren Rücken heiß färbte. Sie fixierte einen länglichen Kratzer auf dem Boden und wartete darauf, dass es nachließ. Es ließ nicht nach. Als die Hitze in ihrem Rücken zunahm, hob Franziska den Kopf.

In diesem Moment löste sich Cyrils Blick aus seiner starrenden Apathie, und er begann, im Takt der Musik zu beatboxen. Ganz leise, selbstvergessen, erzeugte er schnalzende Geräusche mit Mundraum und feuchten Lippen, verzog die untere Gesichtspartie entsprechend. Franziska wusste sofort, wie angemessenes Verhalten ihrerseits in diesem Augenblick ausgesehen hätte. Süß hätte sie es gefunden, berührt wäre sie gewesen von Cyrils kindlichem Rückzug in seine ganz eigene Welt, von seiner spielerischen Art zu *sein*. Ihre Stirn hätte sich entspannt, ein weicher Schleier hätte sich um ihre Augen gelegt und für einen Moment hätte sie ehrlich verliebt zu ihm herübergeschaut, um ein paar Augenblicke Glück nur für sie und ihre Erinnerung zu sichern.

»Weißt du eigentlich noch, ich glaube ehrlich gesagt nicht, es war nur eine Kleinigkeit, damals auf der Silvesterparty von Anna - ja, genau, die mit der lauten Stimme. Wir waren jung, relativ jung, und du hast ganz allein dagesessen und dann plötzlich angefangen zu beatboxen. Haha, ja, damals hast du das doch dauernd gemacht. Ich habe dich einfach nur angesehen, und ja, okay, ich weiß, es klingt jetzt vielleicht kitschig, aber wenn ich ganz ehrlich zu mir bin, dann wusste ich in dem Moment, dass ich den Rest meines Lebens mit dir verbringen will.«

Sie wären alt, mindestens 50, erst dann hätte sie davon erzählt, hätte sich die Geschichte aufgespart für diesen Moment, beide wären gerade dabei, in Würde zu ergrauen, stünden ergriffen ob der Erinnerung an ihre junge Liebe mit bauchigen Rotweingläsern in der Hand auf irgendeiner geschmackvollen, mit viel Grün berankten Veranda. Veranda. Frühabendliches Vogelzwitschern und Veranda.

Franziska drehte sich aus der Situation heraus und stellte sich für einige Minuten auf den kleinen Balkon. Es fiel ihren heißen Fingern in der kalten Luft schwer, eine Zigarette zu drehen, während sie überlegte, wie sie diese Silvesterparty auf dem schnellsten Weg verlassen konnten. In ihrem nur langsam abkühlenden Rücken stimmte die Frauenstimme aus dem Song gerade nochmal zu irgendeiner Art »Mmaaiahnjajaja« an und verstummte dann wieder, weil jemand die Balkontür hinter sich schloss. Mina stellte sich neben Franziska und drehte sich viel geschickter als sie Tabak in ein dünnes, durchsichtiges Blättchen. Mina rauchte nur auf Partys. Während Franziska inhalierte, schaute Mina kurz auf ihr Handy.

»In etwas mehr als zwei Stunden höre ich auf. Ich hab mir schon diese App runtergeladen.«

Franziska nickte.

»Cool. Viel Erfolg.«

Dann sah sie in den Blumenkasten, der am Balkongeländer vor ihnen befestigt war. Die Erde war gefroren und mit einer feinen Pulverschneedecke überzogen.

Minas und Franziskas wortloser Atem verband sich mit dem Qualm zu einer Wolke und verteilte sich dann auf beruhigende Art in der kalten Luft vor ihnen.

Nach zwei schweigenden Zügen sagte Mina: »Cyril ist so nett.«

Franziska sagte: »Ja.« Ihr fiel ansonsten nichts ein.

Nach zwei weiteren Zügen sagte Franziska, dass ihr kalt sei und sie wieder reingehen würde. Sie steckte ihre Zigarette in den Pulverschnee des Blumenkastens und ging zurück in die Wohnung.

Später am Abend sollte ihr auffallen, dass sich ihre etwas zu langen Fingernägel tief in die Handinnenflächen gebohrt hatten. Noch mehrere Stunden danach zeichneten sich kleine rote Sicheln zwischen ihren Lebenslinien ab.

Nachdem Cyril und sie zurück in Paris waren, hielt Franziska es noch zwei Wochen aus und beendete dann während zweier längerer Gespräche die Beziehung. Sie argumentierte klassisch, abgedroschen und wahrheitsgemäß, dass nicht er das Problem sei, sondern sie. Während sie redete, presste sie ihren Daumen in das hellbraune Kunstleder des viel zu wuchtigen und eher unbequemen Canapés, auf dem sie im Wohnzimmer nebeneinandersaßen, und beobachtete die kleinen Falten auf der Sitzfläche, die sich nur langsam zurückbildeten. Cyrils Schultern zuckten beim Weinen in die Höhe. Franziska versuchte, ihm eine Hand auf den Rücken zu legen. Sie hielt sich nicht.

Sie wohnten noch etwa einen Monat zusammen in der Wohnung, Cyril schlief von da an auf dem Canapé. Sie achteten darauf, nur im Notfall gleichzeitig zu Hause zu sein, und wenn es vorkam, nur das Nötigste miteinander zu reden.

Franziska genoss die ersten Tage nach der Trennung. Sie fühlte sich frei und hatte allein aufgrund der Veränderung mehr Energie.

In der zweiten Woche normalisierte sich ihr Zustand. Auch wenn sie es nach wie vor genoss, viel Zeit für sich zu haben, wichen Erleichterung und Euphorie nachdenklicher Reflexion über ihre Entscheidung.

In der dritten Woche überkam sie die Erkenntnis, nun wirklich wieder ganz auf sich selbst zurückgeworfen zu sein.

Als sie in der vierten Woche in der Metro einen untersetzten Franzosen dabei beobachtete, wie er mit seiner Wasserflasche aus Plastik schimpfte, stellte Franziska fest, dass sie aktuell keinen Anlass hatte, ihrem Leben über kurzweilige Momente hinaus einen größeren Sinn abzutrotzen. Sie war sich zu diesem Zeitpunkt unsicher, ob das gut oder schlecht war.

Der Februar in Paris begann unglaublich trostlos, aber war von einer subtilen Freude darüber geprägt, dass der Januar vorbei war. Franziska war gerade 27 geworden und dachte in dieser Zeit häufiger darüber nach, wie es wohl wäre, sich ein Haustier anzuschaffen.

ZWEI

Etwa einen Monat später liegt Franziska also auf dem hellbraunen Canapé im 18. Pariser Arrondissement und betrachtet die Stuckleiste der Zimmerdecke. Das Kunstleder des Sofas gibt nach wie die Schale einer überreifen Zitrone. Draußen ist es schon dunkel und etwas zu warm für Ende Februar. Cyril ist zum Glück nicht da. Er ist in letzter Zeit kaum mehr da gewesen.

»Für die letzten Tage schlafe ich bei Malo«, so hatte er es bei Telegram ausgedrückt. »Gute Reise.«

Franziska hatte sich wie immer über den altväterlichen Ton seiner Nachricht geärgert, bis ihr eingefallen war, dass sie sich jetzt nicht mehr darüber ärgern musste.

Franziska überlegt, ob sie ihren letzten Abend irgendwie erinnerungswürdig gestalten soll. Sie könnte Aylin fragen, ob sie Lust hat, in eine Bar zu gehen. Franziska fröstelt. Sie erscrollt sich den Chatverlauf. Die letzte Nachricht von Aylin ist fünf Tage alt: »Hey, wie gehts dir? :) Lange nichts gehört«.

Franziska hatte nicht geantwortet. Franziska hatte auf die meisten Nachrichten in letzter Zeit nicht geantwortet. Wenn sie an die vergangenen Wochen denkt, denkt Franziska an einen schalltoten Raum und ein drückendes Gefühl in der Stirn. Sie sperrt ihr Handy wieder und verwirft den Gedanken, die Wohnung heute noch zu verlassen. Franziska hätte gerne einen Ball gehabt, um ihn gegen die verzierte Decke zu werfen, immer wieder. Stattdessen legt sie ihren Laptop auf die Rippenbögen unterhalb ihrer Brüste und schaut für einige Sekunden in leuchtendes Weiß. Dann tippt sie:

> Ihre warmen Körper auf dem weißen Laken liegen so passgenau ineinander verschränkt, als wären sie dafür fabriziert worden: platzsparend wie aufgestapelte Gartenstühle, kaum ein Zentimeter zwischen den Gelenken. Sie könnten den restlichen Winter über so liegen.
>
> Minas Kopf riecht nach Zitrone und Schlaf, ein metallischer Hauch von Schaumfestiger, der den festen, eng gezwirbelten Locken Form gibt. Benedikt dreht sich in Richtung Fenster. Durch den Schlitz zwischen den bodenlangen Vorhängen dringt ein schmaler Stab Licht. Er gewinnt an der gegenüberliegenden, unverputzten Wand Form, an der sich sonst nur ein paar einzelne, mit Stecknadeln befestigte Postkarten befinden. Die meisten zeigen nichtssagende geometrische Figuren in Pastellfarben, auf einer ist der nackte Rücken eines athletischen Mannes abgebildet, er schaut ausdruckslos über seine linke Schulter. Es ist genau die puristische, geschmackvoll gestaltete Wand in einem Altbauzimmer einer

WG kreativer Mittzwanziger, die man dort erwartet. Benedikt gähnt still.

Seit er denken kann, versucht er, sobald die dreisekündige Schlaftrunkenheit zwischen Wachwerden und Aufwachen, sobald das Gefühl für das Hier und Jetzt Konturen in sein noch nebliges Bewusstsein gezeichnet hat, auf Basis des allerersten Eindrucks eine Beschreibung für den bevorstehenden Tag zu formulieren. Langsam und vorsichtig richtet er sich auf, reibt sich die Augen, wirft einen Blick auf die Person neben sich. Er fragt sich nicht zum ersten Mal, wie man so schlafen kann: rücklings, den Kopf in den Nacken überstreckt und in leichtem Winkel nach rechts gedreht, der Mund halb und unvorteilhaft geöffnet. Er muss sich losreißen, weil er den Anblick so unverständlich, interessant und schön findet.

Benedikt nimmt sein Handy vom Nachttisch und verlässt das Zimmer so leise wie möglich. Im Flur sind alle Türen geschlossen. Minas Mitbewohner scheinen noch zu schlafen. In der unordentlichen und dreckigen Küche macht Benedikt sich einen Espresso, scrollt durch sein Handy und bereut es sofort, barfuß zu sein. Während das Wasser im Kännchen heiß wird, liest er ein paar alarmierende Push-Nachrichten und stellt einen Fuß auf den anderen. Er schaut aus dem staubigen Fenster in das klarblaue Stück Himmel, das von hier aus zu erkennen ist. Bald würde es wärmer werden. Obwohl Unordnung und Dreck in Benedikt im Normalfall Fluchtinstinkte auslösen, fühlt er sich hier, mit dem unteren Rücken an die Arbeitsfläche gelehnt, insgesamt sehr wohl. Das hier ist Minas Unordnung und nicht seine, es sind Minas in hektischem Rot gehaltenen Wände in einer WG im Erdgeschoss und nicht seine fleckigen, kalten Fliesen. Schließlich - der Espresso macht erst zischelnd und dann brodelnd darauf aufmerksam, dass er fertig ist - fällt ihm die passende Beschreibung für diesen Tag ein: der noch angewärmte Sitzplatz in der U-Bahn, auf den man sich fallen lässt, ohne zu ahnen, dass er noch warm ist, und man weiß nicht genau, ob die Wärme angenehm oder abstoßend ist.

Franziska liest sich das Kapitel nochmal durch. Sie denkt: Ich muss dringend die Namen ändern. Sonst fühlt sie sich das erste Mal in diesem Jahr ruhig und befriedigt. Franziska geht früh ins Bett und wacht am nächsten Morgen erholt auf.

DREI

»Marlburro, Marlburro.« Das sonore Murmeln, mit dem die Zigaretten-Dealer um die Metrostation *Barbès-Rochechouart* ihre Ware bewerben, stimmt Franziska wie jeden Morgen auf unbestimmte Weise froh. Bevor sie gegen acht Uhr dreißig das Appartement im 18. Arrondissement das letzte Mal verließ, hatte sie die Schlüssel auf den Esstisch gelegt und kurz überlegt, ob sie noch einen Zettel dazu schreiben sollte. Ein kurzer Satz, irgendetwas Sentimentales, vielleicht sogar etwas Versöhnliches. »Danke für die schöne Zeit.«

Franziska hatte nichts geschrieben.

Seitdem sind acht Minuten vergangen. In diesen acht Minuten hat Franziska drei Mal die Luft angehalten, als sie die Halal-Metzgereien mit roten Markisen in ihrer Straße passiert hat, deren Thekenauslagen in der Morgensonne mit verschiedenen Innereien befüllt wurden. Das beige wabbelige Fleisch war unvorteilhaft in die beschlagenen Vitrinen gequollen. Wenn sie die Luft nicht angehalten hätte, hätte es so gerochen, wie Franziska sich den Geruch einer Leiche vorstellt, die schon etwas länger liegt. Die ersten Male war ihr von diesem Geruch so schlecht geworden, dass sie sich wahrscheinlich übergeben hätte, hätte sie schon etwas im Magen gehabt. Auch wenn sie es von sich selbst lächerlich gefunden hatte, hatte sich Franziska in Paris dem Klischee entsprechend angewöhnt, zum Frühstück nur Kaffee zu sich zu nehmen.

Die Frauen in Trachten aus buntem African Wax hatten gerade begonnen, sich auf den Bürgersteigen des *Goutte d'Or* einzurichten, um dort bis zum späten Nachmittag derb und kraftvoll »Siss a zäng Öro« zu rufen. Fünf Euro wollten sie für sechs Knollen eines Gemüses, das aussah wie eine missgebildete Kreuzung aus Schwarzwurzel und Aubergine. Franziska wusste bis heute nicht, worum es sich genau handelte. Ihr kamen die Frauen seltsam unbeteiligt und gleichzeitig stark und respekteinflößend vor. Es war Franziska während der zwei Jahre undenkbar erschienen, mit ihnen zu sprechen.

Sie hatte den Verkäufer im Gemüsehandel an der Ecke gegrüßt, bei dem sie nur sehr selten und wenn, dann aus Verlegenheit etwas gekauft hatte, weil er so nett grüßte. Eigentlich war es hier wie überall in Paris zu teuer gewesen für Franziskas Verhältnisse. Ein Mann mit flatternder Krawatte war ihr entgegengekommen, der laut lachend »Projekte, Projekte« in seine weißen Airpods gesagt hatte.

Sie war an den Fischverkäufern der *Rue des Poissonniers* vorbeigelaufen, die gerade ihre fragil wirkenden Stände aufbauten. Sie hatte nicht umhingekonnt, entzückt zu sein über das Wasser, das in klaren, die Sonne reflektierenden Bächen durch die Rinnsteine des Viertels floss und sich hier an einer Eisscholle staute, auf der kurz zuvor eine Dorade transportiert worden war. Franziska hatte sich die Thekenauslage nie genauer angeschaut und nicht die geringste Ahnung von Fisch, aber sie hatte »Dorade« gegoogelt und fand, dass die Dorade aussah wie der klassische Fisch. Bestimmt verkauften sie hier den klassischen Fisch. Die Eisscholle schmolz nur langsam in der Sonne des klaren Morgens.

An der Ecke hatte sie innegehalten und zum Fenster hochgeschaut, hinter dem Malos Appartement lag. Sie hatte dazu an mehrere dunkelblaue, an den Seiten aufgerissene Nudelverpackungen der Marke Barilla auf dem Fensterbrett der kleinen Küche und genoppte Kondome gedacht.

Schnell war sie links auf den breiten, auch zu dieser Tageszeit trubeligen, aber verhältnismäßig ruhigen *Boulevard Barbès* eingebogen. Sie war den Gittern, durch die die warme, süßliche Luft der Metroschächte auf den breiten Bürgersteig geblasen wird, ausgewichen. Wie immer hatte sie sich vorgestellt, dass an diesen Stellen die Stadt ausatmet.

Spätestens an einem der vom Ruß geschwärzten, zum Grill umfunktionierten Einkaufswagen, auf dem ein kleiner, verschlafener Mann die ersten Maiskolben des Tages röstete, hatte sich ihr eigener Atem wieder normalisiert. Sie hatte den Popcornduft tief durch die Nase gesogen, der sie für den Rest ihres Lebens an das größte Kino ihrer mittelgroßen Heimatstadt und darüber hinaus einzig an den Pariser Norden erinnern würde.

»Marlburro, Marlburro.« Als sie acht Minuten später an der Kreuzung kurz vor der Metrostation steht, kontrolliert Franziska also aus Reflex ihre Taschen. Normalerweise stehen die Dealer hier sehr dicht und hier klauen sie. Zu dieser Tageszeit sind es nur ein paar einzelne Männer mit tief ins Gesicht gezogenen Kapuzen, die auch auf einen Bus warten könnten. Ihre morgendlich verquollenen Augen sind höchstens zu erahnen. Franziskas großer Reiserucksack drückt sein Gewicht orthopädisch korrekt auf ihre Hüften. Sie könnte die Metro der Linie 4 zum Nordbahnhof nehmen, entscheidet sich dann aber gegen die Enge und die Dunkelheit und mit dem Elan des neuen Tages dafür, das restliche Stück zu laufen. Hinter der Station wird es etwas leerer, Franziska lässt von ihren Taschen ab und entspannt ihre Schultern. Mit jedem Schritt wird das Murmeln der Dealer in ihrem Rücken leiser. Franziska hat den Eindruck, leichtfüßig über den Boulevard zu laufen. Bevor sie am Kreisverkehr links in die *Rue de Dunkerque* einbiegt, an der der Bahnhof liegt, kauft sie sich im Monoprix an der Ecke eine Packung *carottes râpées* und ein Baguette für den Weg. Seit sie nicht mehr frühstückte, hatte sich ihr Magen an ein pünktliches Mittagessen gewöhnt, und im Zug würde sie Hunger bekommen.

Die luftige Bahnhofshalle ist auf angenehme Weise mit Gesprächen gefüllt. In Franziskas Bauch breitet sich das prickelnde, feierliche Gefühl aus, das sie nur von Abreisetagen kennt. Sie denkt, dass sie sich in Bahnhöfen immer schon wohlgefühlt hatte: alternativlose Plätze, die zweckgebunden aufgesucht wurden, geordnete Hektik, wenig Zufall, kaum jemand kommt hier einfach so her.

Der Zug ist pünktlich und angenehm beheizt. Ein ausdrucksloser Mann hilft ihr dabei, ihren Rucksack auf die Gepäckablage zu heben. Erst kurz vor Brüssel, den Kopf in das samtrote harte Kissen des Sitzplatzes 74 in Wagen 22 gelegt, denkt Franziska, dass sie gerade vermutlich das hinter sich gelassen hat, was man einen Lebensabschnitt nennt. Sie wartet darauf, dass ihr Gehirn ihr die prägendsten Bilder der letzten zwei Jahre vor ihr inneres Auge projiziert oder sie zumindest ein nennenswertes Gefühl zu dieser Erkenntnis entwickelt. Als nichts dergleichen passiert, schickt sie ein Foto des Brüsseler Bahnhofs an Mehmet, auf dem das Schild »Bruxelles-Midi« zu erkennen ist. Weniger, weil sie Lust auf den Song hat, sondern eher, weil er so gut zur Situation passt, hört sie über ihre Airpods *Bruxelles arrive,* ein Lied des belgischen Rappers Roméo Elvis aus dem Jahr 2016, das es leider nur auf YouTube gibt. Franziska denkt an das Jahr 2016. Sie erinnert sich, dass sie am Abend der US-Präsidentschaftswahl mit Mina auf einer Art Wahlparty war, die an einer Kunsthochschule ausgerichtet wurde. Ein paar der anwesenden Studierenden hatten, sogar noch bevor das Ergebnis feststand, »Make America great again« gerufen und auf irgendeiner Metaebene mit Trump-Fähnchen gewunken. Damals war Ironie noch nicht ganz vorbei gewesen. Die Studierenden hatten Oberteile mit Rollkragen getragen und Sekt getrunken. Mina hatte die Augen verdreht und feststellend gesagt: »Wie traurig kann man sein.«

Franziska hatte ihr zugestimmt, obwohl sie das Verhalten der Studierenden zwar peinlich, aber längst nicht so abwegig gefunden hatte wie Mina. Sie schickt Mehmet auch noch den Song. Als ihr angenehm ruhiger Sitznachbar, ein untersetzter deutscher Mann mit Halbglatze, aufsteht, um auf die Toilette zu gehen, rückt auch Franziska seitlich aus der Sitzbank und reckt sich nach ihrem Rucksack in der Gepäckablage, um ihren Laptop zu holen. Sie kommt sich bei diesem Vorgang von den anderen Fahrgästen beobachtet und ungelenk vor. Ihr Nacken wird heiß. Zurück auf dem Fensterplatz stellt sie ihr MacBook auf den kleinen Klapptisch. Draußen zieht grünbraune Landschaft vorbei, von der Franziska sich sicher ist, sie nie zu betreten. Sie tippt:

> In Mehmets Kopf zwirbelt es. Es fühlt sich an, als würden seine Schläfen aneinanderrücken und den frontalen Teil seines Hirns schraubstockartig zusammenquetschen. Mehmet denkt: Wieso likst du meine Bilder, aber folgst mir nicht, du Wichser? Eigentlich wäre schon vor zwei Stunden der richtige Moment gewesen, das iPhone wegzulegen. Seitdem hat er alle Instagram-Stories gesehen, vier davon selbst hochgeladen und drei Tweets abgesetzt. Mehmet googelt: »süchtig smartphone ab wieviel stunden«. Er kann sich nicht auf die Suchergebnisse konzentrieren. Mehmet aktualisiert, zieht den Bildschirm nach unten, noch mal, lässt ihn los, wiederholt das Ganze. Noch mal. Keine Notifications. Er sitzt auf dem zugeklappten Klodeckel und tippt auf das Profilbild von @_highleid, einem Account mit 115.768 Followern und blauem Haken. Die Unerträglichkeit der Welt liegt in diesem Blau. Das Bild vergrößert sich.

Mehmet schaut abwechselnd in die blassbeigen Fliesen des fensterlosen Badezimmers und die ausdruckslosen Augen von @_highleid. Mehmet verlässt die Großansicht des Profilbilds wieder. Er hat keine Ahnung, wer der Mensch hinter dem Bild ist oder was er von ihm will, trotzdem denkt er manchmal vorm Einschlafen an den Account. Sein Feed besteht hauptsächlich aus nihilistischen Memes, die vor allem junge Leute im Internet lustig finden. Dazwischen ergeben ein paar Screenshots seiner und anderer Tweets ein kartiertes Muster, hin und wieder ein Selfie, auf jedem schaut @_highleid gleich unbeeindruckt. Mehmet denkt beim Scrollen, dass er den Feed von @_highleid nicht hasst, denn dann würde ihn das Ganze nicht so mitnehmen. Im Gegenteil. Bis auf ein paar eher platte Tweets findet er ihn weitgehend lustig und ästhetisch ansprechend. Die Lüftung im Bad brummt tief und penetrant.

Es ist nicht das erste Mal, dass @_highleid ein Beitrag von Mehmet gefällt. Mehmet, 19.376 Follower, ist ihm daraufhin schon drei Mal gefolgt, ohne dass @_highleid ihm zurückgefolgt wäre. Mehmet hatte daraufhin wieder auf »unfollow« gedrückt. Es hatte sich ein enttäuschendes Hin und Her ergeben, die Berührungen bestimmter Benutzeroberflächen auf dem Display fühlen sich real an, fast körperlich. Für Mehmet ist @_highleid jemand, dem man auf der Straße begegnet, den man kennt, der einen im Vorbeigehen zwar identifiziert, aber nicht grüßt und stattdessen mit halb erhobener Hand in der Luft und in die Höhe gezogenen Lippen ignoriert. Eine Person, die die Mimik gefrieren lässt. Ein Arschloch, das es genießt, Hierarchien zu performen, oder zu sehr mit sich selbst beschäftigt ist, um freundlich zu sein. Mehmet steht auf und schaut in den Spiegel über dem Waschbecken. Obwohl er wirklich sehr frustriert ist, findet er die Pose insgesamt etwas zu filmisch. Mehmet denkt, dass er gerade dabei ist, jeden Respekt für sich selbst zu verlieren. Als er bemerkt, wie sich das Zwirbeln in seiner Stirn weiter verstärkt, verlässt er fluchtartig das Bad. *Wenn man das Smartphone mit auf die Toilette nimmt,* hatte Mina mal gesagt, *dann ist es schon lange zu spät*. »DAnN iSt eS SchOn laNge zU spÄt«, äfft Mehmet sie nach, ganz leise, nur für sich selbst.

Es ist Samstag, beide Eltern haben frei. Im angrenzenden Wohnesszimmer schaut sein Vater fern oder er hat sich einfach in Richtung Fernseher gedreht und schaut etwas anderes an, das weiß Mehmet nicht genau. Sein Vater sitzt an seinen freien Tagen entweder in gleichbleibender Position vorm Fernseher oder in ähnlicher Haltung auf dem schmalen Balkon. Bei beiden Tätigkeiten raucht er. Von seiner Mutter sieht Mehmet ebenfalls nur den Rücken. Ihr Gesicht ist in Richtung Küchenzeile gewandt. Es ist so wie immer. Sie trägt einen schwarzen Pullover mit Rollkragen, der Duft von glasigen Zwiebeln und leise zischendem Knoblauch hängt in der ganzen Etage und wird akustisch durch den Sound des türkischen Nachrichtensenders unterlegt, der aus euphorischen Moderationen und dramatischen Einspielmelodien besteht. Mehmet betrachtet die ockerfarbene Tapete und überlegt, ob er sie hässlich findet oder ob er sich längst an sie gewöhnt hat.

In seinem ehemaligen Kinderzimmer, in dem er jetzt wieder schläft, schließt Mehmet die Tür lauter als sonst hinter sich. Die aufgeregte Stimme des Nachrichtensprechers dringt trotzdem zu ihm herüber. Er öffnet den Chat mit Benedikt und tippt: »hey«. Er blickt einige Sekunden auf das Display, löscht die Nachricht wieder und wirft das Handy so weit es geht von sich weg aufs Bett, verdeckt es mit einem Kissen. Um sich vom Gefühl der daraufhin einsetzenden Unvollständigkeit abzulenken, steht er auf und schaut aus dem Fenster. Sein Blick kommt nicht dazu, sich in der kümmerlichen, aber vorhandenen Idee eines Gartens, der als rechteckiges Stück Rasen an den Rücken des Mehrfamilienhauses grenzt, zu verlieren. Er bleibt stattdessen an den verblichenen Pokémon hängen, die immer noch an der Scheibe kleben. An manchen Stellen haben die Zeit und das Licht die gummiartige Konsistenz aufgelöst oder porös gemacht, teilweise sind sie farblos und ihre Körper eins mit der Fensterscheibe geworden. Glumanda fehlt der brennende Schwanz, Bisasam trägt nur noch eine halbe Knospe als Panzer, Pikachu hat kein Gesicht mehr. Obwohl er die Window Colors als Bild seiner nie wiederkehrenden Kindheit etwas zu platt findet, spürt Mehmet, wie sein Brustkorb enger wird.

»Kommst du essen?«, hört er seine Mutter rufen. An guten Tagen macht es Mehmet stolz, dass seine Eltern zu Hause türkisch sprechen. Heute nicht. Er schaut kurz das Kissen an, unter dem sein Handy liegt. Mehmet kann sich beherrschen und verlässt den Raum.

Der Fernseher murmelt während des Essens etwas leiser weiter, niemand am überdimensionalen Tisch aus dunklem, glänzendem Holz bemerkt es, weil sich alle daran gewöhnt haben. Auch Mehmet nicht, der in die weißen Bohnen in Tomatensoße und Reis starrt, eine Gabel zum Mund führt und langsam kaut, ohne etwas zu schmecken. Im Augenwinkel registriert er den zuneigungsvollen, aber auffordernden

Blick seiner Mutter. Mehmet kann es nicht ignorieren, und sie weiß das. Er schluckt den Nahrungsbrei herunter, es fällt schwer, sein Hals fühlt sich rau an. Er sagt: »Ist lecker.« Unter Anstrengung zieht er die Lippen nach oben.

Das sieht ja furchtbar aus, denkt sein Vater und sagt wie immer nichts.

Auf dem Bildschirm ploppt Mehmets Antwort über die Telegram-Desktop-Funktion auf: »den habe ich seit drei jahren nicht mehr gehört«.

Franziska findet, dass diese Nachricht in ihrer Nüchternheit überhaupt nicht zu der Stimmungsanwandlung passt, die der Song gerade in ihr auslöst. Mehmet könnte sich etwas mehr Mühe geben, sich in sie hineinzuversetzen. Franziska überlegt, ob es ihm vielleicht gerade schlecht geht. Sie löscht den letzten Absatz, weil sie nicht weiß, ob Mehmets Eltern zu Hause türkisch reden oder wie Mehmet dazu steht. Franziska speichert ab, klappt den Laptop zu und lehnt sich wieder ins harte Samtrot hinter ihrem Kopf. Müdigkeit drückt plötzlich von der Stirn aus auf ihre Augen, zieht in ihre Schultern und von da aus in ihren gesamten Körper. Sie hemmt Franziska die restliche Fahrt darin, etwas Besonderes zu beobachten.

VIER

Franziska zuckert nach. Sie rührt so lang in der kleinen Tasse dampfenden Espressos, bis sich alle Kristalle aufgelöst haben und sie mit dem Löffel nur noch den hell klingenden Porzellanboden spürt. Franziska führt die Tasse zum Mund und schaut sich in ihrer Wohnung um. Sie denkt: Das Licht zur Mittagszeit ist das schlimmste. Für Franziska leuchtet es eine Tageszeit aus, die generell nichts Gutes birgt. Die Mut bringende Leichtigkeit des frühen Morgens ist lange vergangen. Bis zur beruhigenden Atmosphäre des Nachmittags dauert es noch. Dazwischen tanzt Staub.

Franziska raucht blinzelnd, ihre Stirn liegt in angestrengten Falten, ohne dass sie es bemerkt. Der Qualm der Zigarette verteilt sich in der Sonne längst nicht so behutsam wie in der Dunkelheit eines Abends. Bläulich und fahl hängt er in der kühlen Luft, wirkt ungesund und störend. Das Schreien eines Babys echot durch den Hinterhof.

Franziska überlegt, wie es ihr geht, zurück in ihrem alten Leben, nach zwei Jahren. Die Zwischenmieterin hat kaum Spuren hinterlassen. Es war eine lächelnde Frau aus Österreich gewesen, die für ihren Masterabschluss hergekommen war. Franziska wusste nicht mehr genau, welcher Master, es hatte sich um einen Marketingstudiengang gehandelt, mit dem sie sich später wahrscheinlich um den Social-Media-Auftritt einer Fair-Fashion-Marke oder die SEO-Optimierung einer Website kümmern konnte, bis sie zu einem angemessenen Zeitpunkt ihres Lebens schwanger werden würde. Sie hatte die Art unbeirrter Ruhe ausgestrahlt, die nur Kinder aus wohlhabenden Elternhäusern ausstrahlen.

Franziska hatte sie nur kurz bei der Schlüsselübergabe getroffen und sich später über ihr Instagram-Profil erschlossen, dass sie verantwortungsvoll und leistungsorientiert war und eine enge Beziehung zu ihrer Mutter zu pflegen schien, welche auf überdurchschnittlich vielen Selfies in ihren Feed lächelte. Die Mutter sah aus wie die ältere Version ihrer Tochter. Franziska hatte bei Betrachtung der Bilder eine angenehme Bedeutungslosigkeit gespürt. Sie hoffte für beide, dass sie glücklich werden würden.

Franziska erinnert sich, dass die Zwischenmieterin 23 gewesen war, als sie hergekommen war, weshalb Franziska sie mit ihren damaligen 25 Jahren zunächst gehasst hatte, schließlich hatten sie zu diesem Zeitpunkt beide ihr Masterstudium begonnen. Spätestens seit sie Mitte 20 war, empfand Franziska ganz automatisch Neid auf jede Person, die jünger war als sie selbst, besonders dann, wenn es eine Frau war.

Franziska inhaliert und drückt die Zigarette aus. Sie ist im selben Moment traurig darüber, weil sie weiß, dass damit die einzige aktive Tätigkeit endet, zu der sie sich in diesem Moment imstande fühlt. Während sie das Fenster schließt, denkt Franziska, wie froh sie darüber ist, heute kein schreiendes Baby beruhigen zu müssen.

Die Frist ist heute, der Auftrag für den Fruchtriegel drei Wochen alt, seit zwei Tagen hängt er zwischen ihren Gedanken, sie hat schon vier Mal angesetzt, Angst bekommen, abgesetzt. Normalerweise arbeitet Franziska gern. Obwohl ihr, wie in jedem geisteswissenschaftlichen Studiengang üblich, während ihres Romanistikstudiums beigebracht worden war, dass der Studiengang ein brotloses Arbeitsleben nach sich ziehen würde, hatte sie sich während der letzten Jahre ein engmaschiges Netz an Auftraggeber:innen aufbauen können, das ihr ohne Probleme ihren Lebensunterhalt sicherte.

Neben dem Studium hatte Franziska begonnen, für eine Firma zu arbeiten, die eine Website betrieb, auf der sich Kund:innen Texte verfassen lassen konnten. Franziskas Aufgabe bestand darin, auf der Basis weniger Stichpunkte Blogeinträge, Website-Texte und Produktbeschreibungen zu verfassen. Das Büro lag in einem Hochhaus, dessen verglaste Front sich an einer viel befahrenen Straße in den Himmel schob. Wenn sie einen schlechten Tag hatte und die Sinnlosigkeit ihres Tuns zu sehr in ihr Bewusstsein rückte, gab Franziska sich Mühe, sich von oben zu betrachten, an den Film *Lost in Translation* zu denken und ihrer Situation eine triste, postglobalisierte und in diesem Sinne ästhetische Seite abzutrotzen.

Franziska sprach im verglasten Hochhaus selten mit jemandem und hörte beim Arbeiten Musik über große Kopfhörer. Deshalb lernte sie erst nach ein paar Monaten Max kennen, als beide auf dem kleinen Stück der Dachterrasse standen, das als Raucherbereich verwendet wurde, und sich nicht ignorieren konnten. Franziska hatte den dünnen, fahlhäutigen Mann mit randloser Brille und strähnigen Haaren bisher nur flüchtig gegrüßt, wenn sie sich auf dem dunkelblauen Teppichboden des Firmenflurs entgegenkamen. Max redete so ungern wie Franziska, deshalb verstanden sie sich gut und gingen von da an öfter zusammen rauchen. Sie hatte ihn unterbewusst als jemanden eingeordnet, der in seiner Freizeit viele Online Games spielte. Es stellte sich heraus, dass Max in seiner Freizeit viele Online Games spielte, aber genauso viele Gedichte schrieb. Max erzählte ihr, dass er neben dieser Arbeit noch als Werbetexter arbeitete.

»Die suchen immer«, hatte er gesagt und an seiner Zigarette gezogen, »ich kann dich empfehlen.«

»Hey, Franziska!«, hatte in der Mail der Werbeagentur gestanden, die ein paar Tage später in ihren Posteingang rutschte, »du machst doch jungen, frischen Content!«

Die Kunden der jungen und frischen Social-Media-Kampagnen, die Franziska daraufhin für die Agentur textete, waren in der Regel Unternehmen, die nachhaltige und größtenteils pflanzliche Produkte im Segment Lebensmittel und Kosmetik auf den Markt brachten. Wenn der Algorithmus eine Werbung zwischen ihre Insta-Stories spülte, die Franziskas Idee gewesen war, freute sie sich anfangs darüber, bald wischte sie die Werbung so energisch weg wie jede andere.

Ein paar Monate darauf veröffentlichte Franziska einen Text in einem Magazin, der im Internet für Aufmerksamkeit sorgte, weil er sich kritisch mit dem Phänomen Online-Aktivismus und der dadurch generierten Aufmerksamkeit auseinandersetzte. Ihre Followerzahl stieg und sie bekam einige Anfragen, von denen sie die meisten ablehnte, weil es sich um Anfragen handelte, die im Bereich Moderation lagen. Allerdings waren auch drei interessante Textaufträge größerer Publikationen dabei, von denen Franziska zwei annahm. An einem Dienstagvormittag rutschte außerdem die Mail eines Musikverlags in ihren Posteingang.

Franziska schreibt seitdem neben Werbeslogans auch Songtexte für Indiebands und verschiedene Deutschrap-Künstlerinnen und -Künstler. Es sind vermehrt Künstler. Durch die Entwicklung ihrer Auftragslage verdiente Franziska bald pro Woche und hin und wieder am Tag so viel, wie sie vorher im Monat zusammenbekommen hatte. Den Job im verglasten Hochhaus kündigte sie dreieinhalb Monate nach der Zigarette mit Max, kurz bevor sie nach Paris ging. Max verlor sie aus den Augen, obwohl sie noch oft an ihn dachte.

Franziska ist froh darüber, ihre Arbeit von überall aus und zu jeder Tages- und Nachtzeit erledigen zu können. Am Anfang ermahnte ihre Mutter sie manchmal, dass sie nicht so viel arbeiten solle. Franziska versicherte ihr daraufhin immer wieder wahrheitsgemäß, dass sie das gern tat und es ihr damit gut ging, bis ihre Mutter ihr glaubte und Franziskas Arbeitsethos nicht mehr infrage stellte.

Franziska denkt, dass etwas zu produzieren und damit Geld zu verdienen die einfachste Möglichkeit ist, die eigenen Ängste kurzfristig stummzuschalten. Sie hat zum jetzigen Zeitpunkt einen Kontostand, der sie ohne Probleme durch die nächsten zwei Jahre bringen würde, auch wenn sie ab morgen keine Jobs mehr annehmen würde.

Franziska stellte schnell fest, dass Schreiben vor allem ein Handwerk war und das Textgenre dabei eine untergeordnete Rolle spielte. Selbst Werbetexte und Songtexte hatten mehr miteinander zu tun, als man zunächst annehmen würde.

Neben ihren lukrativen Jobs schreibt Franziska weiterhin vereinzelte Beiträge für Magazine und Zeitungen, allerdings betrachtet sie die in der Regel unterbezahlten Aufträge als reines Prestige, um ihre Vita auszuschmücken.

Franziska zieht ihre Schultern nach hinten und unten und googelt ohne Interesse »Arbeitszeit Frauen«. Auf ihrer To-do-Liste für heute steht unter »- Idee Fruchtriegel« noch ein Spiegelstrich: »- 1 Kapitel Roman«.

Franziska kratzt sich am Kinn. Sie überfliegt die Ergebnisse ihrer Google-Suche. Franziska liest, dass Frauen in Deutschland im EU-Vergleich am zweitwenigsten arbeiten. Nur in den Niederlanden arbeiten Frauen noch weniger.

Franziska klickt sich weiter durch Artikel zu Frauen und Arbeit. Gerade Mütter litten häufiger an chronischer Erschöpfung oder Burn-out, vor allem seit sie immer öfter berufstätig seien »oder sogar Karriere« machten.

Franziska überfliegt die Beschreibung eines Präventionskurses für Mütter im Bereich Stressmanagement. Sie überlegt, wie viel zusätzlicher Stress für gestresste

Mütter durch die Teilnahme an einem solchen Kurs entsteht.

Franziska denkt an den Begriff »Freizeit«, der den Gegensatz dazu bildet. Mit mehr Interesse googelt Franziska: »Freizeit Frauen«. Sie stößt auf einige Angebote für Frauenfreizeiten und auf eine Studie, die besagt, dass Männer 25 Prozent mehr Freizeit haben als Frauen. Dann überfliegt sie den ersten Absatz eines Online-Artikels, der aus dem Englischen übersetzt zu sein scheint und den sie erst lesen kann, nachdem sie zwei Werbungen weggeklickt hat, die sich aggressiv vor den Text schieben:

Wofür sich die Frauen interessieren?
Einer internationalen Umfrage zufolge sind die Fraueninteressen vielfältig und vielseitig. Jede Person hat eigene Vorlieben und Bevorzugungen, die in erster Linie mit den eigenen Charakterzügen verbunden sind. Laut der sozialen Studie gehören zu der Rangliste folgende Freizeit-Tätigkeiten:

- *Bücherlesen;*
- *Klatsch und Tratsch;*
- *Shoppen;*
- *Reisen;*
- *Geldverdienen*

Franziska denkt: Das bin ich.

Als Nächstes googelt sie »Bettvorleger Teppich fair« und bestellt ohne längere Überlegung einen nordisch gemusterten Bettvorleger auf der Website einer Firma mit skandinavischem Namen, die allein aufgrund des skandinavischen Namens und ihres Webdesigns nachhaltig wirkt. Der Bestellvorgang ist unkompliziert.

Franziska steht auf und trinkt in großen, hektischen Schlucken ein Glas Wasser, weil sie gehört hat, dass regelmäßige Hydrierung Wunder wirken soll. Franziska denkt, dass sie nach ihrer Verabredung mit Mina eine Runde joggen gehen sollte. Sie drückt eine Vitamin-D-Tablette aus der Packung und lässt sie mit einem letzten Rest Kaffee in ihrem Mund schwimmen. Franziska wirft ihren Kopf beim Schlucken absichtlich theatralisch in den Nacken.

Mina hatte mal gesagt, dass Kaffee bei ihr einen Zustand nahe der Depression auslöse, weil sie dann zwar Unmengen an Ideen hätte, sie diese Ideen allerdings nie alle in einem Kaffeerausch umsetzen könne. Bei abklingender Wirkung des Koffeins falle sie daher regelmäßig in ein tiefes Loch der Enttäuschung über sich selbst. Mina hatte Kaffee im selben Zuge als »Kapitalismusdroge« bezeichnet. Dann hatte sie angefügt, dass sie stattdessen auf Cola umgestiegen sei. Franziska hatte schmunzeln müssen, weil die Aussage so liebenswert inkonsequent war und perfekt zu Mina passte.

FÜNF

Franziska wartet in einem Bistro auf Mina, das in ihrer Abwesenheit neu eröffnet hat. Es soll durch sein Konzept und sein Interieur mediterran wirken und schafft es absurderweise irgendwie, mediterran zu wirken. Ein paar junge Leute fahren zeitgemäße Outfits auf ihren Rennrädern vorüber. In einem Zeitschriftenstapel am Fenster altern Texte vor sich hin. Franziska hat das Bedürfnis, Malo zu schreiben. Sie holt ihren Laptop heraus, es ist ihr hier sehr unangenehm. Franziska hofft, dass er kleiner wirkt, als sie denkt. Sie verbindet sich ohne Probleme mit dem WLAN des Bistros (»mezzimezzi677«) und scrollt durch ihr Postfach. Sie öffnet eine Mail ihrer Oma, die etwas älter als zwei Stunden ist.

Der Betreff der Mail ist: »Meine Frage an dich.«

In der Mail selbst steht nur:
»Wie geht es dir??? Lg Oma«

Franziska lacht laut auf. Ein Mann, der am Nebentisch einen mediterranen Kartoffelgratin isst, schaut mit einem aufgescheuchten Blick zu ihr herüber. Es riecht nach einer Gewürzmischung »Kräuter der Provence«, die in viel Olivenöl gebacken wurde. Franziska freut sich, dass in diesem Bistro Gewürzmischungen verwendet werden. Sie erwidert den Blick des Mannes, der überrascht wieder wegschaut. Franziska fällt ein, dass sie vor ein paar Tagen aus einem Impuls heraus WhatsApp von ihrem iPhone gelöscht hat. Franziska hatte sich noch nie ernsthafte Gedanken um ihre Daten gemacht, die Gründe fürs Löschen waren eher ästhetischer Natur gewesen. Sie mochte das Interface einfach nicht. Franziska liest noch ein paarmal die Mail ihrer Oma und freut sich über die simple Formschönheit der Nachricht. Sie denkt, dass sie nicht so viel Angst vorm Altern haben muss, weil sie das Internet haben wird. Dann öffnet sie ihr Textdokument und schreibt:

> Der spezifische Geruch bildungsferner Schicht weht ihm in einer Mischung aus Kartoffelchips, Geschmackssorte Ungarisch, häufig getragener Jogginghose mit hohem Polyester-Anteil und speckiger Ledercouchgarnitur entgegen. Mehmet bemerkt, wie er sein Gesicht verzieht und die Nase rümpft. Er steht jetzt an der U-Bahn-Haltestelle des Vororts, in dem er aufgewachsen ist, in dem seine Eltern immer noch in einer dunklen Wohnung in einem Mehrfamilienhaus mit quadratischem Gartenstück leben, in der sein Vater mehr raucht als spricht und ihn der zischende Knoblauch täglich daran erinnert, dass seine Kindheit vorbei ist. Während er auf die Bahn in Richtung Stadtmitte wartet, schaut Mehmet

an die mit lustlosen Graffiti beschriebene Hauswand gegenüber. Aus einem Fenster schallt lauter Trance, es ist früher Nachmittag. Ekelhaft, denkt Mehmet, der sich einen melancholischen Deep-House-Track anmacht und froh ist, als die Bahn einfährt, um ihn von hier wegzubringen.

In der U45, die ihm mit jeder Fahrt kleiner und langsamer vorkommt, schaut er in das hässliche rot karierte Muster der Sitze. Wer kommt auf die Idee, Sitzbezüge für die U-Bahn in einem rot karierten Muster zu gestalten, das Fahrgäste bei ihrem Anblick aggressiv macht? Mehmet versucht, sich den Designer des Stoffmusters vorzustellen, und gelangt immer wieder zum Bild eines dicken, glatzköpfigen deutschen Mannes, der beim Reden schwer atmet und auf der Oberlippe schwitzt. Dann denkt Mehmet, dass der Vorschlag für das Polster auch von einer blonden, Mitte 40-jährigen Frau mit farbenfrohem Seidentuch um den Hals stammen könnte, die bei den örtlichen Verkehrsbetrieben arbeitet. Als die Bahnstrecke unterirdisch wird, betrachtet er seine Spiegelung im gegenüberliegenden Fenster. Er denkt zufrieden, dass er so schaut, als würde sich die Tristesse des U-Bahn-Fahrens in seiner Körpersprache spiegeln, die emotionalen Vocals des Deep-House-Tracks tun ihr Übriges. Mehmet denkt auch, dass er bei alldem eigentlich ganz gut aussieht, und macht - nachdem er sich versichert hat, dass ihn niemand beobachtet - schnell ein paar seitliche Selfies in der verkratzten Spiegelung.

Mehmet bemerkt den dicken Mann in der Vierer-Sitzgruppe schräg hinter ihm nicht, der ihm dabei zuschaut und kaum merklich den Kopf schüttelt, weil er die jungen Leute wirklich nicht mehr versteht. Bevor er an der nächsten Haltestelle aus der Bahn in den Vorort tritt, in dem es nach Jogginghose und Kartoffelchips, Geschmackssorte Ungarisch riecht, rümpft er kurz die Nase.

Als ein junger Kellner zu ihrem Tisch kommt und fragt, was es sein soll, bestellt Franziska für sich und Mina vegetarischen Linsensalat mit getrockneten Tomaten, ohne zu wissen, ob das Gericht angeboten wird. Früher war das ein Ding gewesen zwischen ihr und Mina. Mit selbstbewusster Ernsthaftigkeit etwas bestellen, das nicht auf der Speisekarte steht. Gespannt wartet sie auf die Reaktion des Kellners. In seinem Gesicht regt sich auf professionelle Weise kaum etwas.

Er sagt: »Wir haben nur orientalischen Linsensalat mit Backpflaumen und Feta.«

»Okay, dann das«, sagt Franziska und lächelt den Kellner an.

Franziska betrachtet ein kleines, rundes Gesicht.

»Und, wie ist es, wieder zurück??«

»Ja, also, ganz gut, glaube ich. Okay.«

»Du siehst ein bisschen müde aus«, sagt Mina zu Franziska. Mina hat sich nach dem Linsensalat eine Golden Milk mit Hafermilch bestellt, um sich aufzuwärmen. Sie sitzen in dem mit Plastikplane abgehängten Außenbereich des mediterranen Bistros, weil Franziska rauchen will. Sie selbst trinkt frischen Ingwertee, um sich zu bestrafen.

Mina schaut sie mit einem großen Blick an, der Franziska wahrscheinlich durchdringen soll. Mina scheint hinter ihrer Aussage mehr zu vermuten. Franziska denkt, dass hinter ihren Aussagen selten mehr steckt, und wenn, dann wirkt es so, weil Mina sie durch ihren therapeutischen Blick verunsichert. Da ihr die Situation zu anstrengend wird, schaut Franziska Mina nur selten an und in der Regel an ihr vorbei.

Ein Mann am Nebentisch linst über seine tiefsitzende Brille auf ein riesiges Smartphone in seiner Hand. Es sieht hilflos und süß aus. Vor der Plane des mediterranen Cafés fällt Schneeregen in nassgrauen Schlieren. Die Welt wirkt verwischt.

»Wie war es noch mit Cyril?«

Franziska muss sich zusammenreißen, nicht wütend zu werden, weil auch diese Frage einen therapeutischen Ton hat. Mina war am besten von allen mit Cyril zurechtgekommen. Sie hatten sich nur ein paarmal gesehen, aber sofort verstanden, trotz Sprachbarriere.

»Mit Händen und Füßen, haha«, hatte Mina gesagt, als sie Franziska und Cyril einmal zusammen mit Benedikt in Paris besucht hatte, »Oui, oui, ja, ja«, hatte Cyril gelacht, der wie die meisten Franzosen kaum Englisch sprach, und Franziska war in die Küche gegangen.

Sie hatte Mina erst mitgeteilt, dass sie sich von ihm getrennt hatte, als Mina Cyril zur Telegram-Gruppe mit dem Namen »°~Abschied~°« hinzugefügt hatte und er die Gruppe sofort wieder verlassen hatte. Das war vor etwa zwei Wochen gewesen.

»Ja, normal, glaube ich. Aber ich denke, er kommt klar. Und ich ja eh.«

Franziska findet, dass sich ihre Worte ausgesprochen härter anhören als in ihren Gedanken.

»Und wie läuft es bei dir?«, fragt Franziska deshalb schnell und strengt sich an, ihre Stimme weich klingen zu lassen.

Es ist das erste Mal, dass sie und Mina sich sehen, seit Franziska zurück ist. Mina wirkt äußerlich unverändert, fast noch jünger, als Franziska sie in Erinnerung hat. Ihre Locken beben elastisch um ihren kleinen, runden Kopf.

»Gut«, sagt Mina. Sie erzählt von ihrem Master in Kunsttherapie, den sie gerade abgeschlossen hat. Sie war dafür an eine anthroposophisch ausgerichtete Hochschule gegangen, die monatlich hohe Studiengebühren verlangt hatte. Nachdem Mina ihn darum gebeten hatte, hatte ihr Vater ihr, ohne eine Frage zum Studium zu stellen, das Geld für alle vier Semester überwiesen.

Franziska war früher ein Mal mit Minas Familie in den Urlaub gefahren und hatte beide Eltern als nett und interessiert in Erinnerung. Für Franziska hatten sie außerdem eine finanzielle Sicherheit ausgestrahlt, nach der sie sich in ihrem eigenen Elternhaus immer gesehnt hatte. Allerdings war ihr aufgefallen, dass zwischen Mina und ihren Eltern keinerlei körperliche Nähe zu bestehen schien. Sie sah kein einziges Mal, dass Minas Vater seine Tochter umarmte. Ihre Mutter streichelte manchmal kurz und hektisch über Minas Rücken. Vielleicht war das der Grund dafür, dass Mina heute so ein körperlicher Mensch war.

Mina erzählt jetzt von ihrer Abschlussprüfung, die Worte erreichen Franziska nur teilweise. Immer wenn Mina von der anthroposophischen Schule berichtet, fällt es Franziska schwer, ruhig zu bleiben. Während Mina weitererzählt, denkt Franziska über einen angemessenen Vergleich für ihre unverhältnismäßige Wut auf jeden esoterischen Ansatz nach. Als Mina einen Schluck ihres gelben Getränks nimmt, fällt ihr schließlich ein angemessener Vergleich ein: Die Wut war so ähnlich, wie wenn jemand in eine Küche kam, in der Franziska gerade aufwendiger kochte, und sie dann in ein Gespräch verwickeln wollte. Franziska atmet hörbar aus.

Mina unterbricht sich und schaut unschlüssig.

Sei wieder wie früher, denkt Franziska.

»Sollen wir los?«, fragt Franziska. »Es hat aufgehört zu schneien.«

Als die beiden sich an einer Straßenecke zum Abschied umarmen, fühlt sich die Berührung mühevoll an.

»Wir sehen uns dann Freitag?«, fragt Mina.

»Ja! Bis übermorgen!«

Als Franziska zu Hause ist, scrollt sie lang durch den Chatverlauf mit Mina, als könnte sie darin die Lösung für alles finden.

SECHS

Franziska hört zum Laufen entweder Techno-Sets auf mindestens 140 BPM oder maskulinen Deutschrap mit sexistischen Texten. Beides motiviert sie, die Rap-Texte verleihen ihr in den richtigen Momenten einen eigentümlichen Drive aus Wut und Freude. Außerdem ist es für sie aus beruflicher Perspektive interessant.

Franziska joggt etwa 45 Minuten durch den nahe gelegenen Stadtpark. Sie denkt, dass Sport vollkommen zu Unrecht so häufig in die Richtung neoliberaler Selbstoptimierung gerückt wird. Ob jemand ein oberflächliches Arschloch ist oder nicht, hängt in den seltensten Fällen mit dem Maß an körperlicher Betätigung zusammen, im Gegenteil. Die Leute in ihrem Bekanntenkreis, die Sport treiben, sind in der Regel nicht zwangsläufig zufriedener, aber ausgeglichener als diejenigen, die es nicht tun.

Franziska filmt ihre joggenden Beine ein paar Sekunden lang und lädt das Video während des Laufens in ihre Instagram-Story. Franziska nimmt eine scharfe Linkskurve und denkt über eine Mail ihrer Schwester Johanna nach, die sie ihr vor zwei Tagen geschickt hat. In der Mail berichtete Johanna in für ihre Verhältnisse ungewohnt euphorischen Formulierungen von einem Buch eines kanadischen Autors, in dem es um das Prinzip des Akzelerationismus geht. Im Grunde widersprach dieses Konzept der Vorstellung, eine linke Politik könne der zerstörerischen Beschleunigungsgewalt des Turbokapitalismus nur irgendeine Form der Entschleunigung entgegensetzen. Im Gegenteil sei eine lebenswerte postkapitalistische Zukunft nur dann möglich, wenn sich die Linke ebenfalls dieser Beschleunigung bediene.

»Es bringt nichts«, hatte Johanna geschrieben, »wenn ein paar westliche Hippies aufs Land ziehen und Kartoffeln anpflanzen, das ist so 68er-Folklore. Eine Linke, die die Zukunft mitbestimmen will, muss programmieren und Blockchain raffen«.

Franziska musste über die Nachricht ihrer jüngeren Schwester schmunzeln. Seit sie ihr Studium abgeschlossen hat, denkt Franziska kaum noch in Theorie. Es kommt ihr vor wie das Relikt einer alten Sprache, die ihr mittlerweile fast vollkommen unnütz erscheint und in der Regel nur noch als Halbwissen getarnt in möglichst klugen Sätzen in irgendeiner weinlastigen Diskussionsrunde vorkommt, an der sich Leute mit ähnlichem Bildungshintergrund beteiligen, die am nächsten Tag wieder über sich und ihre Jobs nachdenken.

Franziska erhöht ihr Tempo leicht, um einen älteren joggenden Mann mit hohlen, sehnigen Kniekehlen zu überholen. Die Kniekehlen lösen in ihr ein Gefühl überbordenden Mitleids aus, das sie sofort vergisst, nachdem sie den Mann hinter sich gelassen hat.

Während sie dem nun schleifenförmigen Kiesweg des Stadtparks folgt, denkt Franziska, dass es hier eigentlich sehr schön ist. Alles wirkt jetzt, Mitte März, wie aufgetaut. Zwei Frauen mit glänzenden grauen Haaren und langärmliger Funktionskleidung machen Yoga in der Mittagssonne. Vor der an den Park grenzenden Kita parken Eltern mit fair produzierten Sneakern ihre Lastenräder in zweiter Reihe. Eine vierköpfige Familie, deren Mitglieder alle ähnlich geringelte Mützen tragen, sitzt an einem Picknicktisch aus Holz und kaut Apfelschnitze aus einer Tupperbox.

Franziska überlegt, ob sie auch mal so hier sitzen möchte mit ihrer kleinen Familie. Sie hat auf die Schnelle keine Antwort. Nach etwa 25 Minuten spürt sie, wie ihr Körper die ersten Endorphine ausschüttet. Franziska hört jetzt *Risiko* von Bonez MC. Es wird gesungen, dass Frauen auf Schwänze springen. Franziska läuft noch etwas schneller und freut sich über den beginnenden Frühling, den sie heute zum ersten Mal in der Luft riechen kann.

SIEBEN

So wie alles andere hatte sich auch die Beziehung mit Cyril eher zufällig ergeben. Franziska war neu gewesen in Paris und hatte sich an der französischen Universität nicht anders gefühlt als an der Uni in Deutschland: interessiert und unzugehörig. Sie saß in der Regel bis abends in einer der unzähligen Bibliotheken der Stadt und erledigte ihre Aufgaben. Sie las, schrieb oder schaute einfach stumm in die Luft. Zwischendurch trank sie im Innenhof der Sorbonne IV, auf den glatten Holzbänken der Fakultät bei *Malesherbes* oder auf den Stufen des vergleichsweise hässlichen, da mit hellgrünen Hartplastikmöbeln ausgestatteten Uni-Komplexes bei *Porte de Clignancourt* viel zu süßen Kaffee aus einem der Automaten, die in jeder Fakultät die gleichen waren. Dabei rollte Franziska Tabak in dünne Blättchen, die die Zigaretten immer wieder ausgehen ließen, und beobachtete die Studierenden um sich herum, die in der Regel etwas jünger waren als sie. Häufig blieb sie, bis die Bibliothek geschlossen wurde. Franziskas Magen durchzieht bis heute ein warmes Gefühl, wenn sie an diese Zeit denkt. Sie war zufrieden und erfüllt gewesen, ohne dass besonders viel passierte. Dank des Auslandsstipendiums, das an ihren Aufenthalt geknüpft war, und eines Sparkontos, das ihre Eltern für sie angelegt hatten, als sie geboren wurde, musste sie neben dem Studium nicht arbeiten.

Vermutlich werde ich nie wieder so viel freie Zeit haben wie jetzt, dachte Franziska und zog an ihrer Zigarette, die wieder ausgegangen war. Eine der Frauen, die hier tagsüber schwarze Knollen verkaufte, urinierte währenddessen hockend in den Rinnstein zwischen Bürgersteig und parkendem Auto.

Franziska hörte den Strahl in ihrem Rücken, bevor sie den Türöffner betätigte und die Treppen in den fünften Stock nahm.

Als sie die Tür ins Schloss fallen ließ, lag ihr Mitbewohner wie immer in seinem Bett und telefonierte. Seine Tür stand offen. Auch wenn sie sich anstrengten, sich so gut wie möglich aus dem Weg zu gehen, tat er das, um ein harmonisches Zusammenleben zu suggerieren, vermutete Franziska. Sie dachte routiniert, dass das Konzept der Wohngemeinschaft am Ende aller sozialromantischen Überlegungen vollkommen ehrenlos war, während sie »Bonsoir« in sein Zimmer rief. Wie immer wäre sie am liebsten allein gewesen.

Die Wohnung bestand aus zwei kleinen, durch eine pappartige Wand getrennten Zimmern und einer Küche, in der man nur stehen konnte. Das Bad setzte sich aus einer Dusche und einer Toilette zusammen. Um auf die Toilette zu gehen, musste man die Duschwanne durchqueren. Als Franziska auf dem ausklappbaren Canapé in ihrem Zimmer lag, überlegte sie, Mina zu schreiben. Sie nahm ihr Handy in die Hand und wurde von einer Notification abgelenkt. Franziska verbachte die nächsten 15 Minuten in ihrem Smartphone, ohne sich danach an etwas Bestimmtes zu erinnern. Am Ende schrieb sie Mina ein kurzes »miss u :(« und meinte es so.

Als ihr Mitbewohner endlich das Haus verlassen hatte, um zu seinem Job als Küchenhilfe einer Fast-Food-Kette zu gehen, kochte sich Franziska ein pragmatisches Abendessen und aß es, während sie Tim und Jana, einem Vlog-Pärchen auf YouTube, das sie seit Kurzem verfolgte, beim Streichen ihrer Wohnzimmerwand zusah. Nachdem die Wand im Zeitraffer mit einem hellen Grau überzogen worden war, fühlte Franziska sich überraschend unruhig. Es war Freitag und sie wollte, dass etwas passierte, oder das Überangebot der mitteleuropäischen Metropole, in der sie lebte, wollte, dass sie wollte, dass etwas passierte. Franziska schaute auf Facebook nach Veranstaltungen. Bisher hatte sie im Pariser Nachtleben eher schlechte Erfahrungen gemacht. Sie hatte den Eindruck gewonnen, dass die Leute hier hauptsächlich in den Club gingen, um ihren Rausch in einer angemessenen Szenerie zu erleben, und weniger wegen der Musik oder der Freude am Tanzen. Franziska fand, dass man elektronischer Musik immer sofort anhörte, wenn sie für Leute produziert worden war, die vorrangig am Nachtleben teilnahmen, um zu koksen.

Nach etwa fünf Minuten stieß sie auf eine Party, die sich interessant anhörte. Franziska scrollte durch die Veranstaltungsbeschreibung, als die Nachricht einer Kommilitonin aus einem Uni-Seminar zu deutscher Nachkriegsliteratur ihr Handydisplay aufleuchten ließ. Sie hatte mit ihr wegen eines gemeinsamen Referats Nummern ausgetauscht und ein paarmal Small Talk über Paris und das Essen in der Mensa gehalten. Es handelte sich um eine Austauschstudentin aus Heidelberg, die Franziska auf den ersten Blick eher langweilig gefunden hatte. In der Nachricht fragte sie Franziska, was sie heute Abend vorhabe. Franziska berichtete der Kommilitonin, die Aylin hieß, von der Party. Aylin nutzte viele Emojis, die Franziska bisher nur ironisch verwendet hatte. Sie selbst schrieb ihre Textnachrichten aus Distinktionsgründen nur klein und verwendete höchstens im Ausnahmefall Satzzeichen.

»die party ist im keller einer kirche«, schrieb Franziska und rechnete fest damit, dass Aylin keine Lust hatte. »im zwanzigsten«.

Zu Franziskas Überraschung sagte Aylin sofort zu. Sie verabredeten sich in einer Bar, die in der Nähe der Kirche lag. Bevor sie sich auf den Weg machte, mischte Franziska aus einer Stimmung heraus süßen Cidre mit Club Mate und trank davon zwei Gläser. Es fühlte sich genau richtig an und schmeckte ihr sehr gut.

Aylin erzählte eher belanglose Dinge, die hauptsächlich mit dem Studium zusammenhingen. Franziska bemühte sich, ihr zuzuhören, aber driftete nach wenigen Sätzen immer wieder ab. Trotzdem war Aylin eine angenehme Gesprächspartnerin, weil sie Franziska im Gegenzug sehr aufmerksam zuhörte und im richtigen Moment Fragen stellte, die die Unterhaltung in interessantere Sphären lotsten. Franziska dachte, dass ein Mensch einiges auf seiner Seite hatte, wenn er zuhören konnte und nicht nur vorgab, zuzuhören, so wie sie selbst es oft tat.

Neben dem Studium erwähnte Aylin in ähnlicher Häufigkeit ihren Hund und ihren Freund, die sich beide in ihrer gemeinsamen Wohnung in Heidelberg aufhielten. Franziska dachte, dass sie noch nie in Heidelberg gewesen war, aber dass sie beim Namen der Stadt denkmalgeschützte Burgmauern sah, an denen hübsche Blumen mit lila Knospen rankten. Franziska war sich sicher, dass man ein heiles Leben führen konnte in Heidelberg. Dann erzählte Aylin von ihrem Job. Sie arbeitete neben dem Studium in einem deutsch-französischen Kulturinstitut, das die bilaterale Zusammenarbeit stärken sollte. Weil sich Aylin und Franziska nach zwei Gläsern Weißwein nah genug waren, erzählte Aylin von dem Mann an der Rezeption des Instituts, der offensichtlich mit ihr flirtete.

»Heute hat er mir sein Buch geschenkt«, sagte Aylin, »und dann habe ich es in der Metro so aufgeschlagen und er hat es signiert auf der ersten Seite und darunter seine Telefonnummer geschrieben.«

Sie zog ihre perfekt geschminkten Augenbrauen in die Höhe.

Franziska sagte: »Unangenehm.«

Sie war froh, dass Aylin da war. Es war schön, von außen als zwei Freundinnen wahrgenommen zu werden, die zusammen ausgingen, und nicht als Frau, die allein war, deshalb als unvollkommen galt und sich so in einer permanenten Rechtfertigungsrolle befand. Um alleine auf die Party zu gehen, hätte Franziska mindestens die doppelte Menge Cidre-Mate trinken müssen.

Das Set des ersten DJs war sehr gut gewesen, das der

zweiten mittelmäßig, zu Beginn des dritten Sets hatte Aylin sich verabschiedet. Zu Franziskas wiederholter Überraschung hatte Aylin sehr ausgelassen getanzt und nach etwa anderthalb Stunden mit einer kleinen, kurzhaarigen Französin den Laden verlassen. Beide hatten Franziska zum Abschied auf die Wangen geküsst, zwei Mal.

Im Raum war es schummrig, hektisch flackernde Kerzen und rötlich gedimmte Leuchten im Gemäuer gaben etwas Licht ab. An der Decke über der DJ-Booth schwebte außerdem ein Projektor, aus dem laserartige Lichtschranken blitzten, die den weißen Qualm, der aus der Nebelmaschine am Boden stieg, unabhängig vom Takt der Musik zerschnitten. Das Strobo-Licht und der unregelmäßige Nebel verliehen der eh schon morbiden Atmosphäre den Anschein einer utopischen Parallelwelt, so wie es auf Technopartys in den 90ern in Berlin gewesen sein musste und danach nie wieder wurde, dachte Franziska, während sie tanzte. Sie hielt sich in unregelmäßigen Abständen die Hände vor ihre Augen, weil das Laserlicht so stechend war, dass es ihr ungesund vorkam. Erst integrierte sie die Bewegung in ihren Tanz, schließlich bewegte sich Franziska einfach mit geschlossenen Augen. Es war nicht zu leer, aber sie hatte genug Platz. Franziska fühlte sich unabhängig und frei, weil Aylin weg war und sie sonst niemanden kannte. Franziska dachte an nichts Bestimmtes, als sie einige Meter neben sich im Nebel einen Mann bemerkte, der sie offensichtlich beobachtete. Als Franziska sah, dass er in einer größeren Männergruppe da war, verlor sie sofort das Interesse und schloss wieder die Augen. Homogene Männergruppen waren seit Jahren das Uninteressanteste, das Franziska sich vorstellen konnte, sie hatte das Gefühl, körperlich von ihnen abgestoßen zu werden.

Irgendwann löste sich der Mann aus dem Knäuel und bewegte sich langsam in Franziskas Richtung. Sie bemerkte ihn erst wieder, als er direkt neben ihr tanzte. Es war zu Franziskas Erstaunen nicht unangenehm. Nach einigen Minuten drehte sie ihren Kopf in seine Richtung und lächelte ihm zu, als sich ihre Blicke trafen, weil ihr nichts anderes einfiel. Daraufhin fragte der Mann Franziska irgendetwas, sie erinnert sich nicht mehr genau. Er war groß und kam Franziska etwas betrunkener vor, als sie selbst es war.

Als Nächstes standen sie in einem kleinen stickigen Nebenraum mit lauter Lüftung, der als Raucherbereich genutzt wurde, und zogen an ihren Zigaretten. Um sie herum schrien sich einige Partygäste Halbsätze in die Ohren und lachten dann. Franziska hatte keine große Lust, am kläglichen Versuch einer Unterhaltung zu scheitern, es war sowieso zu laut. Sie war froh, als der Mann sich zu ihr herunterbeugte und sie auf den Mund küsste. Der Kuss des Mannes war relativ feucht. Beide hatten dabei eine brennende Zigarette in der Hand. Franziska erinnert sich manchmal daran, dass ihr dieser Umstand behäbig und verschwenderisch vorgekommen war. Kurz danach verließen sie das Kirchengewölbe und gingen zu Fuß zu Cyril. Auf dem Weg kauften sie sich einen veganen Çiğ Köfte. Im grellen Licht des Imbisses erzählte Cyril mit vollem Mund unter anderem, dass gerade ein Zimmer in seiner Wohnung frei war, die sich als schöner Drei-Zimmer-Altbau im 18. Arrondissement herausstellte.

Während sie auf unbeholfene Art miteinander schliefen, schaute Franziska an den regelmäßigen Stuck der Decke. Cyril hatte keinen Bart und kurze dunkelbraune Haare. In seinem rechten Ohrläppchen steckte ein Ring, der sich beim Sprechen und Kauen bewegte. Franziska zog sechs Wochen später bei ihm ein.

ACHT

Franziskas erster Text in Romanlänge war entgegen der Erwartung ihrer 4.365 Twitter-Follower kein Coming-of-Age-Roman geworden. Er hatte mit keinem Satz Anlass geboten, ihn als einen Roman zu besprechen, der das Lebensgefühl einer Generation formulierte. Auch sonst ließ er keine Verbindung mit Franziska vermuten, weil er nicht unter Franziskas Namen veröffentlicht worden war. Außer ihrer Familie, Mehmet und Mina wusste niemand, dass sie schon einen Text in Buchform veröffentlicht hatte.

Zwar hatte Franziska während ihrer frühen Zwanziger immer wieder das dringliche Bedürfnis gehabt, einen Text zu verfassen, der die Erfahrung ihres eigenen Erwachsenwerdens bespricht. Gemeinhin wurde schließlich angenommen, diese Lebensphase sei die spannendste und entscheidendste von allen. Zum jetzigen Zeitpunkt kann Franziska das weder bestätigen noch revidieren, mit Sicherheit kann sie nur sagen, dass sie zu Beginn ihrer Zwanziger unbedarfter und unsicherer gewesen war und dass die Euphorie genauso wie die Hoffnung, dass sich alles zum Guten wenden würde, mit den Jahren abnahm. Es wurde immer schwieriger, zwischen Akzeptanz und Kapitulation zu unterscheiden.

Ihr erster Text in Romanlänge war stattdessen im Rahmen eines Ghostwriting-Auftrags entstanden. Es hatte sich um die Biografie einer durchschnittlich erfolgreichen Motivationstrainerin gehandelt, die sich vor allem auf Tipps und Lebensweisheiten für Frauen ab 40 spezialisiert hatte. Man konnte sie für »Coachings« und »Speeches« buchen, das stand auf ihrer in einem dezenten Gelb gehaltenen Website. Franziska hatte der Name der Frau bis zur Anfrage des Verlags nichts gesagt. Sie hatte sich dann zu Recherchezwecken einige Videos ihrer Speeches angesehen. In den gestenreichen Vorträgen ging es viel um Selbstliebe, um Dankbarkeit und darum, in den richtigen Momenten Nein zu sagen. Die schlanke Frau sagte häufig »Ja?« nach Sätzen, die einen süddeutschen Hintergrund vermuten ließen und über ein etwas zu großes Mikro, das links an ihrer Wange schwebte, in das weibliche Publikum schallten. Das Licht war unvorteilhaft und die hinteren Sitzreihen im Publikumsraum waren frei geblieben. Die Situation im Video wirkte so trostlos, dass Franziska automatisch großes Mitgefühl mit allen Anwesenden empfand. An einer Stelle gegen Ende sagte die Motivationstrainerin: »Il reste toujours l'everest«, und animierte die Frauen im Publikum zum Aufstehen und rhythmischen Mitklatschen. Franziska bekam Gänsehaut. Sie sagte dem Verlag am nächsten Tag zu.

Obwohl sie der Ansicht war, dass sie die Arbeit einer Motivationstrainerin eigentlich verachten sollte, machte Franziska die Arbeit am Buch Spaß. Es war ein »Blender« aus Biografie und Ratgeber, so hatte es die Motivationstrainerin während der Telefonate mit Franziska immer wieder genannt. Auch am Telefon sagte ihre helle Stimme nach jedem zweiten Satz »Ja?«. Insgesamt hatte Franziska sich mit der Motivationstrainerin sehr gut verstanden.

Franziska ist dankbar, dass sie mit dem Schreiben ihren Lebensunterhalt verdienen kann. Es war bis vor Kurzem nie ihr konkreter Wunsch gewesen, sich darin auch noch künstlerisch selbst zu verwirklichen.

Vor wenigen Monaten hatte sie halbherzig an einem Textwettbewerb teilgenommen, nachdem Mehmet ihr die Ausschreibung weitergeleitet hatte. Der Wettbewerb stand unter dem Motto »Herkunft und Identität«. Obwohl sie davon zunächst abgeschreckt gewesen war, reichte Franziska am Tag der Deadline eine Kurzgeschichte mit dem Titel »Ein Kopfsalat war unsere Rettung« ein, der zu ihrer Überraschung den zweiten Platz belegte. Der Text nahm nicht ihr eigenes, sondern das Leben ihrer Großmutter mütterlicherseits zur Vorlage, die als das jüngste von vier Kindern einer alleinerziehenden Mutter während des Zweiten Weltkriegs aus dem Ruhrgebiet zu Fuß nach Schlesien und zurück flüchten musste. Glücklicherweise hatte ihre Oma ihr Leben lang akribisch Tagebuch geführt. Für den Text stellte sie Franziska einige der in angelhakenähnlicher Handschrift beschriebenen losen Blätter zur Verfügung, auf denen sie nach wie vor akribisch Tagebuch führte.

An einem Nachmittag im Frühherbst hatte Franziska ihre 87-jährige Großmutter besucht, um die Notizen abzuholen. Die beiden hatten auf der Terrasse gesessen, auf die ihre Oma aus unbekannten Gründen einen grünen Teppich hatte verlegen lassen, der aussah wie Kunstrasen.

Franziska hatte zugehört, wie sie von den Erfahrungen des Krieges und der Evakuierung ins damalige Sudetenland berichtete. Sie war immer wieder erstaunt darüber, was die Frau, die ihr da gegenübersaß und ohne die sie nicht auf der Welt wäre, schon alles erlebt hatte. Manchmal hinterließen die Erzählungen sogar ein diffuses Gefühl von Neid in Franziska, weil ihr ihre eigenen Probleme an diesen Nachmittagen noch kleiner und unbedeutender vorkamen als sowieso schon. Ihre Großmutter schien ihr, je älter sie wurde, eine immer phlegmatischere Haltung gegenüber dem Leben eingenommen zu haben, die auf Franziska in jeglicher Hinsicht gesund wirkte. Ihre Einstellung fußte nicht auf kühler Distanz, sondern auf einem warmen, subtilen Humor, den Franziska inständig hoffte geerbt zu haben. Franziska bewunderte sehr, dass ihre Großmutter sich nicht zu ernst nahm, obwohl sie, so fand Franziska, allen Grund dazu gehabt hätte. Wut oder Selbstmitleid hatte sie in den Erzählungen fast nie gespürt.

Einzig als ihre Großmutter davon berichtete, wie ihre Mutter auf dem von Hunger und Angst geprägten Fußmarsch zurück nach Deutschland von zwei russischen Soldaten vergewaltigt wurde, veränderten sich ihre Stimme und ihre Körperhaltung. Sie strich immer wieder über die längst glatt gestrichene Tischdecke und belegte »die Russen« über mehrere Minuten mit Kraftausdrücken, die Franziska das erste und letzte Mal aus ihrem Mund hören sollte. Ihre Mutter hatte Franziska im Nachhinein erzählt, dass ihre Großmutter über den Vorfall bis vor Kurzem geschwiegen hatte.

Im Anschluss war sie aufgestanden, um eine Flasche

teuer aussehenden Weißweins aus dem Kühlschrank zu holen, die sie demonstrativ auf den Tisch stellte. Ein Tropfen bildete sich aus dem Tau und hinterließ eine gerade, feuchte Träne auf dem goldumrandeten Etikett. Erst viel zu spät in ihrem Leben hatte Franziska an diesem Nachmittag erfahren, wie gut man sich mit ihrer Großmutter betrinken konnte.

Das Preisgeld in Höhe von 400 Euro, das Franziska für »Ein Kopfsalat war unsere Rettung« erhielt, stufte sie für den Aufwand nicht als gute, aber als korrekte Entlohnung ein. Nach der Lesung, die an die Preisverleihung gekoppelt war und die Franziskas erste Lesung war, schrieb sie der mittelgroße Verlag an, der das Buch der Motivationstrainerin herausgeben wollte. Er lobte Franziskas klaren Ausdruck, verbunden mit ihrem »stoischen Humor«.

Während der ersten Schreibversuche an dem Projekt, das nun unter ihrem eigenen Namen erscheinen sollte, hatte Franziska schnell festgestellt, wie viel Selbstüberwindung so ein Unterfangen erforderte. Die Nähe der Erlebnisse kam ihr zu einfach vor, um banale Alltagsbeobachtungen festzuhalten und sich vorrangig um sich selbst zu drehen, gab es schließlich Social Media. Außerdem erschien ihr das Vorhaben, nur auf der Grundlage ihrer eigenen Beobachtungen ein Buch zu schreiben, bis zuletzt immer ein wenig prätentiös. Auch wenn ihr bewusst war, dass es sowieso passieren würde, bereitete ihr die Vorstellung Unbehagen, dass die Protagonistin in ihrem Text unweigerlich mit ihrer eigenen, realen Person verwechselt werden würde.

Nachdem sie den Vertrag unterschrieben hatte, machte

Franziska einen Spaziergang, bei dem ihr neben anderen Dingen die Gangart eines älteren Mannes vor ihr auf dem Bürgersteig auffiel. Sie hatte selten einen Gang gesehen, der auf seine federnde Art so zuversichtlich und gefestigt wirkte. Franziska dachte von da an öfter an diesen federnden Gang.

NEUN

Franziska scrollt ziellos durch das Dokument und ist unzufrieden. Manchmal fühlt sie sich direkt nach dem Laufen euphorisiert, aber fällt kurze Zeit später in ein Stimmungstief. Franziska vermutet, dass es etwas mit den Endorphinen zu tun hat, die während des Joggens ausgeschüttet und dann rapide abgebaut werden. Sie hat dazu online noch keine Informationen gefunden, obwohl sie in regelmäßigen Abständen »nach joggen traurig endorphinabfall« googelt. Franziska fühlt sich jedes Mal allein gelassen und verraten, wenn ihr eine Google-Suche nicht die gewünschten Ergebnisse liefert.

Franziska schaut auf ihr Handy. Drei Leute haben auf ihre Insta-Story reagiert. Zwei Reactions bestehen aus klatschenden Händen, ein ihr unbekannter Account mit dem Namen »_jonas93« hat geschrieben: »nicht schlecht für eine autorin!!« Franziska weiß nicht, wie ernst oder scherzhaft »_jonas93« die Nachricht meint und antwortet deshalb nichts. Erst kürzlich hatte Franziska ihr Instagram-Profil auf »öffentlich« und auf »Autorin« umgestellt und begonnen, regelmäßig Bilder aus ihrem Leben zu posten. Sie gab sich Mühe, dass der selbstdarstellerische Aspekt dabei nicht zu offensichtlich wurde, und versuchte häufig, ihre Postings mithilfe der Captions auf einer

Metaebene zu brechen, obwohl sie natürlich wusste, dass es sich auch bei ihren Postings um pure Selbstdarstellung handelte. Manchmal ist sich Franziska nicht sicher, ob die Zeit, in der sie lebt, furchtbar ist oder ob sie sich ihrer eigenen Marketingstrategie gegenüber undankbar verhält.

Franziska pult gedankenverloren in ihrem Bauchnabel. Sie legt sich auf ihre Yogamatte und macht dreimal hintereinander je 25 Sit-ups. Danach dreht sie sich in Bauchlage und schließt noch ein paar Liegestütze an. Franziska zählt laut mit: »Sieben, acht, neun«, sie presst die Zahlen unter Anstrengung in das dunkle Grün der Matte. Die Abgabe des ersten Manuskriptentwurfs rückt näher. Bisher hatte Franziska nur ein paar lose Textfetzen gesammelt, unzusammenhängende Absätze in einem Worddokument, abgespeichert unter dem Titel »Freizeit.docx«. Nach drei Mal zehn Liegestützen löst Franziska eine Magnesiumtablette in Wasser auf, leert das Glas in großen Schlucken und geht unter die Dusche.

Der Cursor blinkt regelmäßig und unnachgiebig. Sie beobachtet ihn mit einer Mischung aus Angst und Gleichgültigkeit. Franziska denkt, dass diese Situation ein Klischee ist.

»Mimimi«, sagt Franziska. Sie überlegt, ob sie sarkastisch ist. Sie findet, dass Sarkasmus eine Trauerbewältigung für Leute ist, die sich etwas auf ihren Bachelorabschluss in einer Geisteswissenschaft einbilden und immer uninteressant bleiben würden. Franziska hofft, dass sie nicht sarkastisch ist, und strafft ihren Oberkörper. Ihr Rücken fühlt sich hart und trainiert an. Es ist jetzt

13 Uhr, eigentlich eine Zeit, zu der Schreiben längst unmöglich ist. Franziska denkt an das Treffen mit ihrer Lektorin in zwei Tagen. Dann denkt Franziska, dass jede Form des Schreibens auf einem sicheren Fundament aus Überauswahl, Unsicherheit und Selbstzweifel passiert und dass man das akzeptieren musste, anstatt sich dauernd selbst zu bemitleiden. Dann tippt sie:

> Wer Mina Lervantes-Müller für eine Person hält, die mit veganer Ernährung, Tuchakrobatik, CBD-Joints und sporadischer Auseinandersetzung mit dem Mond ihr Inneres mit dem Außen der Welt in Einklang zu bringen versucht, der liegt genau richtig. Nachdem sie vor ein paar Jahren begonnen hatte, eine eigene Selfcare-Strategie zu entwickeln, ist Mina mittlerweile fest davon überzeugt, ihren Eisprung selbst steuern zu können. Durch viel Yoga, Meditation und regelmäßige EFT (Emotional Freedom Technique, eine Klopftechnik, die Energieblockaden im Körper löst) hat sie in letzter Zeit die stärkste Verbindung zu sich selbst und ihrem Körper aufbauen können, die sie je hatte. Mina fühlt sich jetzt so stabil; ihre Muskeln und Organe sind mit ihrem Geist auf einem derart hohen Intensitätslevel verknüpft, es macht ihr manchmal fast ein bisschen Angst. Mina ist sich der Rolle, die sie einnimmt, bewusst.

Eine junge, gut ausgebildete weiße Frau, die im Achtsamkeitskult aufgeht; die in Atemübungen und herabschauendem Hund etwas findet, das viele als Ersatzreligion beschreiben würden; die ihre Privilegien in Gesprächen mit Gleichaltrigen reflektiert und ihre Ziele im Leben auf einer Pinnwand manifestiert, die an der unverputzten Wand ihres WG-Zimmers hängt, gleich über einer stylischen Auswahl an Zimmerpflanzen, die sonst im südamerikanischen Regenwald beheimatet sind. Weil Mina daran glaubt, dass es ihr durch all das besser geht, ist ihr egal, was andere darüber denken könnten. Sie erzählt häufig von den Brotaufstrichen, die sie selbst herstellt. Dazu püriert sie Linsen oder Bohnen und löffelt die meist graubraune Masse in kleine Einmachgläser. Sie erzählt davon so selbstbewusst und euphorisch, dass man ihr gerne zuhört.

Die letzten zwei Tage begleiten Mina Wassereinlagerungen, Stimmungsschwankungen und ein Blähbauch. Gestern hatte sie vor Energie gestrotzt, während sie noch am Sonntag darüber nachgedacht hatte, ihre klägliche Selbstverwirklichung zu beenden, im Vorstadthaus ihrer Mutter die obere Etage zu beziehen, Grundschullehrerin zu werden, Markus aus der Nachbarschaft zu heiraten, der bestimmt immer noch in sie verliebt war, und darin ein uninteressantes, angstfreies und durch und durch nützliches Dasein zu beschließen.

Heute war Mina mit dem charakteristischen Ziehen im Unterleib, viel Energie und neuem Selbstbewusstsein aufgewacht. Der Zervixschleim in ihrer Unterhose glich halbgetrocknetem Flüssigkleber, sie hatte ihn mit Daumen und Zeigefinger weit auseinanderziehen können.

Mina denkt: Es ist so weit. Sie rollt ihre Yogamatte aus, begibt sich in den Krieger 1, von da aus in die kleine Kobra und schließlich in den Vierfüßlerstand Katze, schließt die Augen, atmet tief ein, spannt die Bauchmuskeln an, geht leicht ins Hohlkreuz, schiebt ihr Becken nach vorn, denkt daran, wie Benedikt am Vorabend gekommen ist, und dann: ploppt es. Um den Schweiß brechen zu lassen, schließt Mina ein Fatburn-Workout auf YouTube an. »Let's go«, sagt die Frau im Video und beginnt mit ihren Ausfallschritten. »Let's go«, sagt Mina. Anschließend rollt sie ihre Matte ein, fühlt sich gut, gestärkt und fruchtbar, duscht, masturbiert dabei ausgiebig und kocht sich im Anschluss einen grünen Tee.

Benedikt war schon weg gewesen, als sie aufgewacht war. Er macht das öfter. Während sie an ihrem Tee nippt, sich das Koffein durch die Gerbstoffe behutsam in ihr entfaltet, denkt Mina darüber nach, ob sie fahrlässig gehandelt hatten. Obwohl sie allen erzählt, wie gut sie ihren Zyklus kennt, konnte man sich schließlich nie ganz sicher sein. Weil ihr in diesem Moment niemand gegenübersitzt und Mina keine Person ist, die Fragen lang mit sich selbst ausmacht, nimmt sie noch einen Schluck Tee, macht leise »Aaah« und liest online einen Artikel über die Anbaubedingungen von Avocados. Es macht keinen Sinn, etwas zu antizipieren, was nicht sicher ist und sie nur aus dem kostbaren Hier und Jetzt reißt.

Auch Benedikt denkt an diesem Tag nicht weiter darüber nach, dass die beiden an einem der fruchtbarsten Tage in Minas Zyklus kein Kondom benutzt haben. Er hält es nicht für nötig, sich darüber den Kopf zu zerbrechen, weil die Dinge sowieso so passieren, wie sie passieren, und er ihnen lieber dabei zuschaut, als bei dem Versuch zu scheitern, direkten Einfluss auf sie zu nehmen. Außerdem ist er heute mit Mehmet verabredet, der wieder im Vorort bei seinen Eltern wohnt. Vorher würde er Margarethe besuchen, die ohne Günther sehr einsam ist. Für beide Besuche benötigt Benedikt sämtliche emotionalen Reserven, die er an einem Tag aufbringen kann. Als er aus der Straßenbahn steigt, schallt aus einem Fenster der mit Satellitenschüsseln und lustlosen Graffiti gespickten Fassade lauter Trance, zu dem Benedikt keine Meinung hat.

Weniger gegen die Stille, vielmehr, um sich akustisch zu vergewissern, dass der Planet weiterhin seine elliptische Bahn zieht und sich Leute über die Geschehnisse auf seiner Oberfläche Gedanken machen, klickt Franziska im Browser das Radio an. In ihrer nüchternen Art erläutert die Nachrichtensprecherin die erschütternden Entwicklungen der Welt. Wenn ich einen Hund hätte, denkt Franziska unzusammenhängend, dann wäre ich heute schon mal draußen gewesen. Bevor sie nach Tierheimen in ihrer Nähe googeln kann, wird sie von einem lauten, hämmernden Geräusch aufgeschreckt. Franziska denkt kurz an ein Erdbeben und fühlt sich auf seltsame Weise gewappnet. Dann erinnert sie sich, dass die Immobiliengesellschaft im Nachbarhaus eine Gaube einbauen lässt, vermutlich, um die Wohnung im Dachgeschoss attraktiver zu machen und teurer vermieten zu können. Franziska denkt, dass man den Wohlstand, der einen umgibt, bis zu einem gewissen Grad akzeptieren muss, sonst wird man wahnsinnig, zynisch und für sein Umfeld langfristig unerträglich. Weil Franziska sich außerdem sicher ist, dass die Bauarbeiten an einer Dachgaube die unpoetischsten Geräusche sind, um aus Gedanken gerissen zu werden, und damit auch das letzte dramatische Potenzial ihrer Frustration dahin ist, öffnet sie einen neuen Tab und gibt ein »y« in die Adressleiste ein, während sich die Nachrichtensprecherin dem Wetter zuwendet. Franziska hört nicht mehr, dass heute ein kühler Südwestwind weht.

Jana und Tim unternehmen heute nichts Besonderes, »Es ist ein ganz normaler Tag, so wie immer«, sagt Jana, während sie in der Küche steht und das Mittagessen vorbereitet, dabei lächelt sie in die Kamera, die sie auf der Arbeitsfläche positioniert hat. Es soll Bowls geben, mit Reis als Grundlage, viel Gemüse und einem Tahini-Dressing. Tim ist Heimwerker und geht häufig ins Fitnessstudio. Jana ist Influencerin, macht tägliche Home-Workouts und setzt sich hin und wieder für Nachhaltigkeit ein. Abends kochen sie abwechselnd und schauen beim Essen Serien. Für Franziska bilden Tim und Jana das ab, was sie sich unter einem normalen Leben in Deutschland vorstellt. Es gibt keine Abweichungen, jedes Detail passt.

»Ganz einfach und schnell heute«, sagt Jana.

Während Franziska sich am Anfang gegen den Algorithmus gesträubt hat, schaut sie die zweimal wöchentlich erscheinenden 20- bis 30-minütigen Videos auf dem YouTube-Kanal »J&T: Janas & Tims Welt« mittlerweile regelmäßig, ähnlich einer Serie. Meistens lässt sie die Alltags-Vlogs laufen, während sie isst. Die Videos sind häufig mit nachdenklichen Singer-Songwriter-Stücken unterlegt, die den Szenen eine leere Emotionalität geben, die Franziska beruhigt. In diesem Moment schneidet Jana Zucchini in längliche Streifen und eine wehleidige männliche Stimme, die nach Vollbart und Hut klingt, singt mit Gitarrenbegleitung »And that's the story of my life, oh, my love« darüber.

Franziska versucht seit einigen Jahren, zu Dingen, die sie tut, keine ironische Distanz mehr einzunehmen, um sich vor ehrlichen Gefühlen zu schützen, sondern sich ihren Emotionen ohne Schutz zu stellen. Die Videos von Tim und Jana geben ihr Sicherheit und Stabilität. Im Gegensatz zu Seriencharakteren sind die beiden echt, und Franziska kann sich sicher sein, dass ihre Story noch eine Weile weitergeht. Es ist kein Staffelende in Sicht.

Jana und Tim leben in einer hellen Dreizimmerwohnung in Nürnberg. Sie denken darüber nach, sich ein Haus zu kaufen, in der Nähe von Freiburg, also dort, wo Jana herkommt. Tim ist einverstanden. Die Dynamik zwischen den beiden hat sich über die drei Jahre Beziehung längst eingespielt: Jana trifft die Entscheidungen und Tim zeigt sich einverstanden. Jana formuliert ihre Vorschläge in der Regel so, dass Tim zustimmen muss. Tim bemerkt das nicht. Gleichzeitig wirkt Jana vollkommen abhängig von Tim. Die Beziehung scheint ihr ganzer Lebensinhalt zu sein, den Alltag mit Tim zu teilen ist für sie wichtiger als alles andere. Wenn Jana sich mit Freundinnen trifft, sieht man ihr die Erleichterung in den Gesichtszügen und in ihrer Körperhaltung an, wenn sie wieder zu Hause bei Tim ist. Franziska findet das so absurd wie beneidenswert.

Jana und Tim essen die Bowl auf den schwarzen Loungemöbeln ihres Balkons in der Sonne und kneifen ihre Augen zusammen. Tim sagt etwas zu Jana, das Franziska nicht versteht, weil es von den Bauarbeiten an der Dachgaube übertönt wird.

Franziska pausiert das Video, klappt den Laptop energisch zu und verlässt impulshaft ihre Wohnung, bevor Tim und Jana erzählen können, wie ihnen die Bowl schmeckt.

ZEHN

Die Luft draußen ist kalt und trocken, und wie häufig im endenden Winter riecht es an manchen Stellen leicht verkohlt. Der Sauerstoff tut gut, Franziskas Gedanken lockern sich im gleichmäßigen Schritt und die Leute versichern ihr durch ihre Blicke, dass sie eine junge, gut bis interessant aussehende Frau mit langen Beinen ist. Sie passiert einen modernen Bürokomplex, der von außen nach Überstunden aussieht. Zwei Männer kommen ihr entgegen, die mit Ziegenbärten und eng anliegenden Daunenjacken wie IT-Experten wirken. Obwohl sie glaubt zu wissen, wo das Café liegt, tippt Franziska den Namen bei Google Maps ein, um es sich vom roten Pfeil und der blauen Linie, die sich jetzt über ihr Display schlängelt, bestätigen zu lassen. Zu Fuß sind es sieben Minuten bis zum Ziel.

Franziska kommt an einem minimalistisch eingerichteten Restaurant mit spärlicher Beleuchtung vorbei, das von außen wirkt wie eine begehbare Gruft. Bis auf zwei Frauen mit gesunden Haarspitzen und perfekt positionierten Spangen am Hinterkopf ist es leer. Franziska denkt, dass begehrte Viertel deutscher Großstädte immer mehr so aussehen, wie sie sich solche Viertel in skandinavischen Großstädten vorstellt. Schön, sicher und nichtssagend. Sie verwirft den Gedanken, weil er ihr zu kritisch vorkommt. Es gibt Schlimmeres als Skandinavien.

Franziska sieht eine derzeit geschlossene Weinbar und denkt an braungebrannte Paare Mitte 40, die hier im Sommer ihre Beine übereinanderschlagen. Ihre Kleidung ist in hellen Beige- und Weißtönen gehalten, sodass die gebräunte Haut besser zur Geltung kommt. Sie denkt an die Gespräche, die diese Paare mit befreundeten Paaren führen, im Außenbereich dieser Weinbar.

Es würde um die Kinder gehen oder um die Babysitterin und um den unlängst beendeten Urlaub in Italien und dass man sich schlecht entspannen konnte, wegen der Hitze. Bei den Männern würde es um Anlagemöglichkeiten gehen und um die Inkompetenz ihrer Mitarbeiter, die Frauen würden sich über ihren Alltag (Berufswiedereinstieg, Kindererziehung, Pilates) unterhalten. Erst gegen Ende, nach mehreren Gläsern Naturwein, würden die Gespräche fahriger werden und die Themen etwas interessanter. Bei einem vermeintlich harmlosen Kommentar würde die Diskussion plötzlich an Fahrt aufnehmen, zwischen einem Paar würde sich so etwas wie ein Streit anbahnen, das andere Paar würde für jeweils eine Gegenposition Partei ergreifen, bis eine der Frauen ihrem Mann eine Hand auf den Oberschenkel legt und die Rechnung bestellt.

Franziska fragt sich, wann es so weit ist, dass ihre Abende in solchen Weinbars beginnen und enden.

Franziska freut sich darauf, Mitte 40 zu sein.

Franziska beobachtet eine rauchende alte Frau auf einem Balkon, sie schaut gen Himmel.

Die Luft riecht plötzlich frisch und alt gleichzeitig,

wie schaumige Shampooreste in der Dusche. Der Geruch kommt aus einem Friseursalon, der »007Hairkiller« heißt. Darunter steht: »Mit der Lizenz zum Schneiden«. Franziska bleibt verhältnismäßig lange vor dem Salon stehen und liest den Schriftzug immer wieder.

Franziska kommt an einem stylischen Gastronomiekonzept mit langen Tischen vorbei, in dem man zum Zahlen nach vorne gehen muss.

Franziska läuft eine Art Einkaufsstraße herunter, in der sich hauptsächlich Ein-Euro-Läden und Verteilzentren von Lebensmittellieferdiensten angesiedelt haben. Ein paar Fahrer:innen in bunter Montur stehen neben farblich abgestimmten Fahrrädern und viereckigen Rucksäcken und rauchen. Franziska denkt, dass es hier seit Jahren so aussieht, als wäre alles längst vorbei, aber es geht immer weiter.

Franziska findet all ihre Gedanken alt und pessimistisch. Ihr kommt ein Paar entgegen, das sich auf Spanisch unterhält. Es klingt wie ein Streit, aber die Mimik der beiden wirkt normal. Die Frau fährt sich mit der Hand durch den Nacken, um ihre fast hüftlangen, glattglänzenden Haare routiniert über ihre Schulter zu werfen. Franziska bemerkt ein üppig behängtes Pandora-Armband am Handgelenk der Frau.

Franziska denkt, dass nichts miteinander zusammenhängt, weil alles Zufall ist, und dass gleichzeitig alles miteinander zusammenhängt, weil alles Zufall ist. Sie denkt, dass es endlich aufhören muss, dass Leute in irgendetwas einen Zusammenhang suchen.

Franziska holt ihr Handy heraus und schreibt Malo eine Nachricht: »spanisch ist eine schöne sprache zum streiten«.

Auf der anderen Seite heben und senken sich drei Punkte,

Malo antwortet sofort: »ich möchte mein erasmus-jahr in sevilla nicht missen«.

Und dann: »wie leicht alles war als ich mit marina von der th göttingen tapas gegessen habe zu leichtem rotwein in einer bar namens bodeguita fabiola. wir haben uns im spanischkurs A2 kennengelernt. es war unser zweites date«.

Franziska googelt im Gehen den Namen der Bar. Es gibt sie wirklich.

Dann schreibt Malo: »als ich auf spanisch geträumt habe (das war nach zwei monaten) habe ich mich zum ersten mal als richtiger europäer gefühlt«.

Franziska bemerkt, wie sich ihre Mundwinkel nach oben ziehen. Sie sperrt ihr Handy und steckt es wieder ein. Franziska biegt um eine Ecke, weil Google Maps es ihr sagt. Sie ist kurz fasziniert von der Tatsache, dass man nicht dauernd mit jemandem zusammenstößt, wenn man auf dem Bürgersteig um eine Ecke biegt.

Franziska läuft auf einen in Weiß und Türkis gehaltenen Laden zu und erkennt erst auf den zweiten Blick, dass es das Café ist, in dem sie gleich verabredet ist. Google bezeichnet den Laden als »Kaffee-Hub«. Der Kaffee-Hub erinnert an eine Mischung aus Applestore, Zahnarztwartezimmer und der Vernissage einer Ausstellung eines Konzeptkünstlers im Bereich Digital Art. Vor dem Laden stehen graue Stehtische mit Barhockern aus Hartplastik. Es braucht einige Sekunden, bis Franziska begreift, dass die Stehtische zum Laden gehören. Hier soll man sich aufhalten und Kaffee trinken.

Franziska fühlt sich in der unpersönlichen Atmosphäre des Cafés direkt wohl. Sie denkt, dass es das Schlimmste ist, wenn öffentliche Orte persönlich wirken wollen. Zwei Frauen mit zeitaufwendig gestylten Augenbrauen stehen an einem Nebentisch, sie sehen mit ihren Augenbrauen gleichzeitig unbeteiligt und überrascht aus. Franziska stellt sich die Frauen beim morgendlichen Augenbrauen-Stylen vor. Das Licht im Bad ist gelblich.

Franziska setzt sich auf einen grauen Barhocker und bestellt bei der Kellnerin, die sofort zu ihrem Tisch kommt, einen Flat White mit Mandelmilch, ohne genau bestimmen zu können, worum es sich bei einem »Flat White« handelt. Alles in diesem Laden wirkt so, als müsste man hier einen Flat White bestellen. Der Heizpilz in Franziskas Nacken strahlt etwas zu punktuell. Sie rückt ihren Stuhl so weit nach vorn, dass er ihren unteren Rücken wärmt. Es fühlt sich gut an. Sie holt ihr MacBook Air heraus und stellt es vor sich auf den Tisch. Hier ist es ihr keine Sekunde unangenehm.

Franziska schaut auf die gegenüberliegende Straßenseite, ohne etwas Bestimmtes zu sehen. Ihre Augen fühlen sich sandig und langsam an. Eine junge Frau, die so angezogen ist wie sie selbst, trägt eine Topfpflanze mit schwingenden Blättern vorbei.

In Franziskas unterem Rücken zieht es. Sie hat Lust, etwas kaputtzumachen. Nichts Großes, nur zum Beispiel ein Glas. Sie spürt in sich die wirre, unkontrollierbare Mischung aus Wut und Traurigkeit. Franziska findet es unangenehm, wenn Frauen aus ihren hormonellen Schwingungen einen Kult machen oder PMS-bedingten Weltschmerz mit allgemeinem Weltschmerz verwechseln. Es ist ohne Zweifel eine Beeinträchtigung, die sich

Männer nicht vorstellen können, aber irgendwann sollte man einsehen, dass sie es nie begreifen würden, und es nicht übermäßig thematisieren. Es wirkt selbstmitleidig und schwach. Franziska tippt:

An einem erwartungsfreien Samstag schrieb Mina am frühen Nachmittag:

immer wenn die depressiven zustände einer männlichen romanfigur beschrieben werden, lese ich es aufmerksam, nicke und denke so: herzlich willkommen in meiner monatlichen pms

Sie las sich den Tweet nochmal durch, löschte das *so* hinter *denke*. Mina fügte noch ein *naja* an und schloss den Text mit zwei Zigaretten-Emojis. Sie fand Rauchen peinlich und dumm, obwohl sie der Schwäche und Unvernunft, die eine Person bei der Tätigkeit umspielen, gerne zuschaute. Ohne sich nähere Gedanken dazu gemacht zu haben, benutzte sie die qualmenden Zigaretten, um ein bestimmtes Gefühl der Lethargie auszudrücken. Das konnten sie zu dieser Zeit von allen Emojis am besten.

Als sie mit ihrer Mutter das erste Mal beim Frauenarzt gewesen war, hatte sie nach der Vorsorgebesprechung ein dünnes Heftchen zum Thema Menstruation aus der Prospektauslage mitgenommen. Genau genommen hatte ihre Mutter danach gegriffen, Mina war es vor den anderen Patientinnen damals zu peinlich gewesen. Obwohl es mehr als zehn Jahre her war, erinnerte sie sich noch gut an einen Comic, der die Geschichte eines Mädchens erzählte - leider kam Mina nicht mehr auf ihren Namen -, die zum ersten Mal menstruierte. Das Mädchen war sehr erregt über das Blut und freute sich, endlich eine Frau zu sein. Als die Mutter des Comic-Mädchens ihre Euphorie bemerkte, sagte sie, dass sie es lieber für sich behalten sollte. *Das muss nicht die ganze Welt wissen,* so hatte es in der Sprechblase gestanden. Das Mädchen fügte sich der Situation und durchlebte bis zum Ende des Comics die Genese einer glücklichen, professionell menstruierenden Teenagerin. Obwohl Mina versucht hatte, sich während ihrer ersten Menstruationen dem Comic entsprechend zu verhalten - sie blutete im Stillen und bemühte, in embryonaler Krampfhaltung verharrend, die Erinnerung daran, wie schön es war, endlich eine Frau zu sein -, musste sie bald feststellen, dass der Comic gelogen hatte. Zwar gewöhnte sie sich relativ schnell an den neuen Rhythmus, der zweifellos einen Rhythmus und in dieser Beschaffenheit ein nicht zu verachtendes Strukturelement ihres Lebens darstellen sollte. Allerdings bemerkte sie gleichzeitig, dass dieser Rhythmus ihr Leben in einem Maß beeinflusste, das unangenehm war. Die zyklische Beeinträchtigung ihres

Körpers, ihrer Psyche, ihres Appetits und ihrer Stimmung war zwar im weitesten Sinne spannend und in Ausnahmefällen bereichernd. Wenn Mina es rational betrachtete, kosteten sie die Tage vor, während und kurz nach der Periode jedoch vor allem Zeit. Wertvolle Zeit, die nicht menstruierende Personen in Lebensfreude, Selbstverwirklichung oder die Auseinandersetzung mit diversen Kryptowährungen stecken konnten, während sie selbst sich den Ausschüttungen ihrer Hormone hingeben musste. Mina war sich sicher: Wenn Männer Gebärmütter besitzen würden, gäbe es kanonische Literatur zu dem Thema, die im Deutsch-LK besprochen wird. Außerdem wäre der Zyklus obligatorischer Stoff im Biologieunterricht. Anstatt schlaksige Oberstufenschüler:innen mit dem Wissen über Meiose auszustatten, das sie nach der Klausur sofort wieder vergaßen, und sie unwissend in die Wirren der sich fortpflanzenden Welt zu entlassen, wären alle bestens informiert über den Prozess, ohne den sie nicht existieren würden und der etwa die Hälfte der Weltbevölkerung mehrere Jahrzehnte ihrer Lebenszeit entscheidend beeinflusste. Außerdem wären PMS und Regelschmerz anerkannte Probleme, die von Staaten, die es sich leisten konnten, mit mindestens drei bezahlten Urlaubstagen im Monat honoriert würden. Konnte man das Bett, *unpässlich,* wie man war (*Unpässlichkeit* stand als Symptom in Minas Zyklus-App zur Auswahl), nicht oder nur selten verlassen, musste man keine Erkältung, keine Migräne und keine Übelkeit vortäuschen. Stattdessen würde man seinen Arbeitgeber:innen, seinen Freund:innen und Verwandten stolz zurufen, dass man gerade menstruiere oder sich in einer akuten PMS-Depression befände. Alle würden es verstehen und Rücksicht nehmen. Menstruierenden Personen würde in der Öffentlichkeit der untere Rücken massiert und Cafés, Bibliotheken und Restaurants stellten wie selbstverständlich Wärmflaschen für akut Menstruierende zur Verfügung.

Ein frischer Schwall warmen Blutes unterbrach Mina in ihren Gedanken. Es war Tag eins ihres Zyklus, sie hatte in ihrer App »heavy flow« angegeben und blutete so heftig, dass sie den Freitag damit verbracht hatte, sich unter Einflussnahme mittelstarker Schmerzmittel in liegenden Positionen aufzuhalten, die sie nur zum Ausleeren ihrer Menstruationstasse verließ. Zwar fühlte sie sich besser, weil sich in der Sekunde einsetzender Blutung auch ihr Serotoninspiegel normalisiert hatte und die irrationalsten der trüben Gedanken der letzten Woche langsam aufklarten. Sie kam sich nun wieder lebensfähig vor und besaß so etwas wie Selbstbewusstsein. Während sie die Anspannung, Nervosität und Angst der PMS aus sich herausfließen spürte, fühlte Mina sich weich, durchlässig und dachte ununterbrochen an ein Baby. Daraufhin schrieb sie Franziska eine gefühlsbetonte Nachricht über ihre einsetzende Periode. Franziska fand es in der Regel unangenehm, gefühlsbetonte Nachrichten von Mina zu bekommen, weil sie sich im Laufe ihres jungen Daseins als Frau angewöhnt hatte, patriarchale Verhaltensmuster zu adaptieren und gefühlsbetonte Nachrichten unangenehm zu finden. Sie antwortete in der Regel trotzdem verständnisvoll und versuchte, Mina in ihrer jeweiligen gefühlsbetonten Situation pragmatische Tipps oder Vorschläge an die Hand zu geben.

Als der sanfte, helle Ton einer iMessage erklang, griff Mina nach ihrem Handy. Sie las die Nachricht und antwortete auf die Frage, ob sie abends mit zur Ausstellungseröffnung eines entfernten Bekannten gehen wolle: »ja klar, voll gern!!« Den Tweet speicherte sie in den Entwürfen.

Franziska liest sich den Text nochmal durch. Sie macht aus ihrem eigenen Namen »eine Freundin«. Dann ist sie zufrieden und speichert zur Sicherheit ab.

ELF

»Ich habe zu vielen Dingen einfach keine Meinung«, sagte Mina. Sie standen in einem quadratischen Raum im Souterrain, der durch Neonröhren ausgeleuchtet wurde, und betrachteten ein Ausstellungsstück. Es bestand aus Alufolie, einem eckigen Stück Matratze und schlaffen Luftballons. Die Komponenten des Werks waren mit schwarzem Gaffer-Tape aneinander befestigt. Franziska hätte Mina für diese kleine Bemerkung gerne geküsst. Mina sagte solche Dinge nicht, um zu gefallen, sondern weil sie es in dem Moment genau so dachte.

»Ja«, sagte Franziska.

Ansonsten hingen drei kleine, quadratische Leinwände an der Wand, auf denen unterschiedlich breite dunkelblaue Balken abgebildet waren. Sie wirkten inspiriert von den Tattoos, die sich gerade alle um die Arme herum stechen ließen: plakative schwarze Ringe. Franziska fand Tattoos meistens peinlich, aber hatte nie genau gewusst, ob sie sie wirklich peinlich fand oder ob sie sich diese Attitüde angeeignet hatte, weil sie in Wahrheit zu feige war, um sich selbst tätowieren zu lassen. Nachdem ihre Cousine, die für Franziska die konservativste Person war, die ihr einfiel, sich vor ein paar Wochen hatte tätowieren lassen, war Franziska froh gewesen, dem Trend nie nachgegeben zu haben.

Ein Poster in trashiger Post-Internet-Ästhetik, das neben dem obligatorischen Delphin, der aus pastellfarbenen Wellen auftauchte, eine am linken Bildrand emporragende phallische Form in Pink zeigte, setzte den Schlusspunkt der Ausstellung.

Der Künstler, ein harmloser Mittdreißiger mit Schiebermütze und Schnurrbart, war auch anwesend und stand in einer Ecke des Raumes. Er hatte Franziska beim Reinkommen mit einem Augenkneifen begrüßt und erläuterte gerade zwei Frauen mit bodenlangen Mänteln seine Kunst. Sie schauten dabei interessiert im Raum herum und nickten hin und wieder. Der Künstler redete so laut, dass alle Anwesenden ohne Probleme verstanden, was er sagte.

Außer Franziska und Mina hielten sich auf dem zementgrauen Linoleumboden etwa 15 Leute auf. Der rote Faden sei der feministische Aspekt, hörte Franziska den Künstler jetzt sagen. Er habe sich dabei von seiner Freundin inspirieren lassen, die er als »starke Frau« bezeichnete. Eine Neonröhre an der Decke war kaputt und flackerte, es gab der Raumsituation eine angenehme Anspruchslosigkeit. Jede Person, die hereinkam, achtete als Erstes auf die flackernde Lampe und dann auf die Leute, bevor sie sich der Kunst zuwandte.

»Meinst du, das Licht ist Teil der Ausstellung?«, flüsterte Franziska in Minas Richtung. Mina zuckte die Schultern. Es war keine sonderlich originelle Bemerkung von Franziska, aber um ihr Zweierbündnis zu stärken, lächelte Mina trotzdem leicht, sodass sich ihr Muttermal in der rechten Wangengrube kaum merklich zum Halbmond formte.

Die Leute um sie herum sahen unbeteiligt aus, sie waren jung, attraktiv und ähnlich gekleidet. Die meisten trugen gerade geschnittene Hosen, Jogging- oder Trekkingschuhe, ein überwiegender Teil der Kleidung war schwarz, die T-Shirts weiß, die Schuhe hatten häufig mindestens einen auffälligen farblichen Akzent. Außerdem trugen viele der Anwesenden eine Kappe. Franziska hatte hellblau-schwarze Trail-Running-Schuhe der Marke Asics an, die auf dem Boden in die ansonsten andächtige Akustik quietschten. In einer Ecke gab es eine Art Tresen, der aus zwei Stehtischen bestand. Dort wurden Getränke verkauft, und wie auf allen kulturellen Veranstaltungen der Welt versammelten sich die meisten der Anwesenden erst hier und dann vor der Tür. »Es geht auch um eine Gegenbewegung zur Vereinzelung«, sagte der Künstler jetzt und deutete auf eine der quadratischen Leinwände mit drei schwarzen Balken, »in einer Gesellschaft, die immer mehr auf Individualisierung aus ist, soll Kunst ja wieder verbinden.«

»Lass uns rausgehen«, schlug Mina vor.

Franziska und Mina kauften sich ein lauwarmes Bier am Stehtisch und stellten sich zu dem in Nikotinschwaden gehüllten Grüppchen auf dem Bürgersteig, auf dem endlich wieder in normaler Lautstärke gesprochen wurde. Franziska öffnete das Bier mit ihrem Feuerzeug, für den Bruchteil einer Sekunde roch es nach Marihuana.

Auch wenn sie betonte, dass sie wegen ihrer Menstruation sehr müde sei, war Mina an diesem Abend guter Dinge. Sie hatte gerade ihr Kunststudium beendet. In ihrer Arbeit hatte sich Mina mit Bäumen, Digitalität und gewaltfreier Kommunikation auseinandergesetzt. Ihr Abschlussprojekt - sie hatte eine Skulptur entworfen, die einem digitalen Linktree ähnelte und über verkleidete Lautsprecher mit Ambient-Soundpatterns unterlegte Sätze von Marshall B. Rosenberg in den Raum murmelte - hatte als Endnote eine 1,0 bekommen.

Dann traten zwei Männer aus dem Kunstraum auf den Bürgersteig. Sie stellten sich nur wenige Meter von Franziska und Mina entfernt und warfen ihnen in normaler Frequenz Blicke zu. Nach dem ersten Bier reichte Mina und Franziska ihre Zweisamkeit. Mina, die die kommunikativere der beiden war, ging ohne Franziska einzuweihen zu den Männern herüber und fragte den auffälligeren der beiden, der mit seiner unscheinbaren Begleitung eine Zigarette rauchte, nach Feuer, obwohl sie wusste, dass Franziska ein Feuerzeug dabeihatte. Der Mann kam mit Mina ins Gespräch, so wie jeder mit Mina und ihrem kleinen, offenen Gesicht ins Gespräch kam. Nach kurzer Zeit winkte sie Franziska herüber, die sich widerwillig dazustellte. Erst als sie seine leicht asymmetrischen Gesichtszüge aus der Nähe sah, die in einem breiten Kinn zusammenliefen und ihm einen nicht zwangsläufig attraktiven, aber intensiven Ausdruck verliehen, bemerkte Franziska, dass sie die Person kannte.

»Franziska???«, sagte Benedikt ungläubig, als er sie näher kommen sah.

»Benedikt!«, sagte Franziska, ebenfalls überrascht.

»Das ist ja Jahre her.«

Franziska wusste, dass Mehmet und Benedikt nach wie vor sporadischen Kontakt hielten, aber sie selbst hatte ihn wirklich seit Jahren nicht gesehen. Er war insgesamt weniger rund und unrein im Gesicht.

Benedikt antwortete: »Ja, voll.«

Um sie herum duftete es nach Mai und in Blüte stehendem Frühling. Die vier überwanden durch den Alkohol die ersten Gesprächshürden sehr schnell. Es lag eine zurückgenommene, aber eindrückliche Euphorie in der blauschwarzen, kontrastreichen Luft, die alle Beteiligten spürten.

Als es kühler wurde, zog die Gruppe weiter in eine Bar, in der eine DJ etwas zu laute, aber gute, da die Energie des Abends in sich aufnehmende Musik auflegte. Ihre Gesichter mussten sich nahe kommen, um sich gegenseitig Wortfetzen zuzurufen. Irgendwann verabschiedete sich die vierte, unscheinbare Person, die sich Franziska als Aldin vorgestellt hatte. Kurze Zeit später ging auch Franziska nach Hause, als ihr auffiel, dass sich Minas und Benedikts Gesichter nicht nur wegen der Lautstärke näher kamen.

ZWÖLF

Franziska hat den zweiten Flat White im Kaffee-Hub seit zwanzig Minuten ausgetrunken. Er war zu viel gewesen, Franziska spürt das Koffein-High deutlich. Sie vibriert von innen, ihre Gedanken sind zu schnell und wirbeln in unzusammenhängenden Spiralen. Eine Frau schiebt ein Kleinkind in einem modern geformten Buggy auf Augenhöhe an ihr vorbei, das Kind schaut Franziska interessiert an. Franziska lächelt verunsichert. Das Kind schaut unbeeindruckt in eine andere Richtung. Franziska sieht dem Buggy neidisch hinterher. Sie ist sich sicher, dass die meisten Erwachsenen nur Kinder bekommen, um sich selbst vom Schmerz darüber abzulenken, nie wieder ein Kind zu sein.

Franziska steckt sich ihre Airpods in die Ohren und hört den Song *Too Much* der deutschen 80er-Jahre-Popband Hongkong Syndikat, in dem es darum geht, dass eine Frau zu viel Sex will und den Samen des Mannes verschwendet. Der Mann singt, dass die Frau damit aufhören soll. Obwohl sie die Lyrics abstoßend finden will, hört Franziska den Song oft. Er löst Leichtigkeit in ihr aus. Franziska hat Lust, aufzustehen und zu gehen, ohne zu bezahlen.

Neben ihr setzen sich zwei junge, vermutlich medienschaffende Männer an einen Tisch. Man sieht ihren Outfits auf unangenehme Weise an, dass sie sich etwas zu viel Zeit für sie genommen haben. Beide tragen weiße Sneaker und einer der Männer hat eine Frisur, die auf der Stirn in einer steifen Locke mündet. Franziska stuft den Mann sofort als reich ein. Der andere trägt eine Kappe, auf ihr steht hellblau und kursiv: *»Getränkemarkt Walden«*. Beide haben ihre Handys in der Hand, in den Ohren des gelockten Mannes stecken weiße Airpods. Franziska muss bei ihrem Anblick an die Körperhaltung eines Embryos denken. Während die Männer scrollen, reden sie über eine Influencerin, die Franziska nicht kennt. Sie entnimmt dem engagierten und eher inhaltsleeren Gespräch eine weder abschätzige noch besonders zugewandte Haltung. Die beiden reden viel über Entscheidungen.

Der eine sagt: »Das ist ihre Entscheidung.«

Der andere sagt beipflichtend: »Das ist ihre Entscheidung.« Und dann, nach einer kurze Pause: »Irgendwann muss man sich entscheiden.«

Franziska denkt, dass Entscheidungen fast nie richtig oder falsch sind, sondern meistens gefällt werden, damit es weitergeht.

Die Männer stehen etwas behäbig auf, einer schaut in Franziskas Richtung. Es ist der mit der *»Walden«*-Kappe. Franziska fragt sich, wann der billige Reflex aufhören wird, jede Person mit einer Kappe irgendwie attraktiv zu finden. Franziska fühlt sich in diesem Moment zu schwach, um den Kopf zu heben und den Mann anzusehen. Sie spürt, wie er nochmal in ihre Richtung schaut. Dann gehen sie. Franziska schaut ihnen nach und schaut dann wieder auf ihren Bildschirm. Sie hört Haiyti - *Gold*. Franziska spannt im Takt der Musik ihre Gesäßmuskulatur an. Die aufmerksame Kellnerin kommt nochmal zu ihrem Tisch, sie lächelt freundlich und fragt Franziska, ob sie noch einen Flat White möchte. Franziska pausiert die Musik und überlegt kurz, noch etwas zu bestellen, um der Kellnerin einen Gefallen zu tun, bevor sie dankend ablehnt. Franziska denkt, dass ihr dieser Laden mittlerweile eigentlich ganz gut gefällt. Sie beschäftigt sich kurz mit der Frage, ob es Wahnsinn ist, Text zu produzieren in einer Welt, die nur noch aus Text und Code besteht. Franziska ist sich unsicher und hat keine Lust, weiter darüber nachzudenken. Dann tippt sie:

> Während ihres Abschlussprojekts war Mina aufgefallen, wie anstrengend es war, sich ständig mit sich selbst auseinanderzusetzen. Sie hatte begonnen, ihr Projekt und gewaltfreie Kommunikation entgegen ihrer Art mit Kraftausdrücken zu belegen. Sie hatte deshalb beschlossen, nach dem Studium etwas Normales zu machen, etwas Sozialeres, etwas, das weniger mit ihr selbst zu tun hatte. Sie würde einen zweijährigen Master im Bereich Kunsttherapie beginnen und hatte sich die Haare vorgestern in einem rostbraunen Hennaton gefärbt. Trotz ihrer starken Menstruation war Mina an diesem Abend guter Dinge und freute sich, als sich die Gelegenheit bot, neue Leute kennenzulernen.
>
> Nach der Vernissage gingen sie zusammen in eine Bar. Erst als die anderen gegangen waren

und die beiden draußen eine Zigarette rauchten, küsste Mina Benedikt, dann gingen sie wieder rein und tanzten als Einzige betrunken und ausgelassen auf der kleinen Tanzfläche der sich leerenden Bar. Sie freuten sich mit der DJ, die bald nur noch für die beiden Musik spielte. Alles roch auf gute Art nach Zigaretten und klebrigem Boden. Sie küssten sich auf der Tanzfläche und dann wieder draußen. Auf dem Nachhauseweg - Mina ging nicht mit zu Benedikt, sondern nach Hause, aus Prinzip, wie sie sagte - löschte sie, angenehm betrunken, müde und viel lebensbejahender eingestellt als noch am Nachmittag, den Tweet über ihre Menstruation aus den Entwürfen. Sie hatte keine Lust mehr, ihren 2.674 Followern ihre hormonelle Situation auf eine derart intime Weise preiszugeben.

Auch Benedikt fand es angenehm, dass er und Mina in der Nacht getrennt voneinander nach Hause gingen. Er musste erst mal über die Erlebnisse des Tages nachdenken und brauchte zum Nachdenken Zeit allein. Außerdem schlief Benedikt nicht gut, wenn eine andere Person dabei war. Auf dem Heimweg summte er *Heroes* von David Bowie. Benedikt summte sonst nie.

Obwohl sie am nächsten Morgen eine nicht wegzudiskutierende Leichtigkeit in der Magengegend spürte, die ihr die

Nahrungsaufnahme erschwerte, redete Mina sich zunächst ein, dass der Abend gar nichts bedeutet hatte. Sie war 23 und für sie glich die Vorstellung einer festen Beziehung zu diesem Zeitpunkt wie für viele ihrer Altersgenossinnen in links-alternativen Kreisen einem utopischen Unterfangen, das während zahlreicher Diskussionen in WG-Küchen hinreichend dekonstruiert worden war. Außerdem musste man sowieso alles einen Zyklus lang beobachten, bevor man zu irgendetwas wirklich eine Meinung haben konnte.

Auch als sie längst ein Paar waren, hatte sie nicht »Benedikt« in ihren Kontakten gespeichert, sondern es bei *Mir fällt der Name gerade nicht ein und es wäre komisch nochmal zu fragen, schönes Kinn* belassen.

Franziska löscht den letzten Absatz wieder und speichert das Dokument. Sie packt ihren Laptop ein, steht auf und betritt den sterilen Laden, um auf die Toilette zu gehen. Als die Kellnerin ihr den Weg deutet, klingt ihre Stimme so, als wären sie und Franziska Freundinnen. Hinter der Theke halten sich mehrere Kellner:innen auf, die sich zum treibenden Deep House bewegen und energisch die Ausläufe mehrerer Siebträgermaschinen ausklopfen. Das Ganze wirkt wie ein Gruppen-Workout.

»Es ist richtig schön heute, oder?«, sagt die Kellnerin, als Franziska von der Toilette kommt.

»Ja, total«, sagt Franziska.

DREIZEHN

Franziska und Mina tranken etwas zu warmen Sekt, Mina hatte außerdem eine Schale fettreduzierte Chips aus roten Linsen auf den Tisch gestellt, die sie ursprünglich als Reiseproviant eingepackt hatte. Aus der kleinen türkisfarbenen JBL-Box drang das DJ-Set einer Hamburger Künstlerin, das Mina damals für perfekt gehalten hatte. Franziska fand, dass das perfekte Set von einem unaufdringlichen, aber fordernden Rhythmus durchzogen sein musste. Es sollte melancholische, harte und verspielte Phasen haben, die in einem höchstens einstündigen Zusammenspiel dafür sorgten, dass sich abwechselnd Bewegungsdrang oder Gänsehaut entwickelte.

»Dieses Set ist so perfekt«, wiederholte Mina nun schon zum dritten Mal und stellte die Musik noch eine Nuance lauter. Die Sound-Qualität aus der tragbaren Box war nicht so schlecht, wie man vermuten würde.

Franziska hatte das Set nicht perfekt gefunden. Es war zu melodisch, vocallastig und nichtssagend. Außerdem war sie sich nicht sicher gewesen, ob man vor einer Party überhaupt das perfekte DJ-Set hören sollte oder ob es eine Erwartungshaltung förderte, die sich negativ auf die tatsächlichen DJ-Sets der Party auswirkte. Franziska hatte geschwiegen und eine Handvoll Linsenchips gegessen, während Mina erzählte, wie sie mit Lo auf einem Konzert gewesen war und wie gut ihr der Tanzworkshop gefalle. Mina seufzte glücklich. Franziska schaute auf ihr Muttermal an der rechten Wange und freute sich darüber, es zu sehen.

Wenn Franziska und Mina zusammen ausgingen, verlief der Abend häufig nach einer Art Ritual, das sich über die Jahre eingespielt hatte. Gerade diese Party hatte Tradition für die beiden, weil sie immer im Hochsommer auf der Noorderlicht in Amsterdam stattfand und Franziska und Mina nun schon das dritte Jahr in Folge lauwarmen Sekt in einer sehr teuren und dafür bemerkenswert austauschbaren Airbnb-Wohnung auf der anderen Seite des Hasseltkanaals tranken.

Als sie etwa eine Stunde später angetrunken durch den von der tiefstehenden Abendsonne durchleuchteten Amsterdamer Hauptbahnhof liefen, fühlte Franziska eine Vorfreude in sich aufsteigen, die im Fahrtwind der Fähre in Euphorie umschlug. Während sie übersetzten, umarmte sie Mina, beide lachten und sie gaben sich gegenseitig Küsse ins Gesicht. Kurz darauf ließ Franziska, die die weniger körperliche Person von beiden war und der das Ausstellen ihrer Nähe vor den anderen Partygästen auf dem Deck aller Freude zum Trotz befremdlich vorkam, von Mina ab. Um dem unangenehmen Moment kurz nach Beendigung von Körperkontakt zu entgehen, lehnte sich Franziska interessiert über die Reling am Heck und betrachtete das Wasser, das in einer lauten, spritzenden Furche hinter ihnen hergezogen wurde.

Franziska trug an diesem Abend ein an den Seiten weit

ausgeschnittenes schwarzes Tank-Top über einem hellgrünen Bikini-Oberteil, sie las gerade den ersten Teil von Foucaults »Sexualität und Wahrheit«, sie war seit dreieinhalb Monaten 25, hatte vor zwei Wochen Cyril kennengelernt, lebte aktuell in Paris und fühlte sich in der Kombination dieser Komponenten ihrer Lebensphase, der Wirkung des Sekts, der Vorfreude auf die Party und des sommerwarmen Fahrtwinds so jung, gebildet und schön, dass es sich in ihrem Magen kurz so anfühlte, als wäre sie verliebt. Wie alle glücklichen Momente war auch dieser vorbei, sobald er wahrgenommen wurde, und Franziska machte ein Foto vom aufgewühlten Wasser in der Abendsonne, das im Hintergrund das Panorama des Amsterdamer Hafens einfing, um es Cyril zu schicken. Kurz vorm Absenden überkamen Franziska Zweifel, ob es nicht etwas zu abgedroschen, touristisch und austauschbar war. Franziska steckte ihr Handy wieder ein. Sie würde ihm später schreiben. Vielleicht würde sie das Foto sogar mitschicken, allerdings sollte es nicht kontextlos stehen. Außerdem brauchte sie mehr Zeit und Ruhe, um in ihrem rudimentären Französisch eine passende und fehlerfreie Textnachricht zu verfassen. Während die Fähre anlegte, dachte sie noch, dass der Weg zur Party oft der schönste Teil des Abends war.

Wie gewohnt hatte Mina sich um die Drogen gekümmert. Im Gegensatz zu ihr konsumierte Franziska sehr selten Amphetamine, auch wenn sie die Wirkung von MDMA bei sich selbst wirklich mochte und bis auf das einkalkulierte Serotonin-Loch am nächsten Tag insgesamt nur gute Erfahrungen damit gemacht hatte. Vermutlich, dachte Franziska, war ihr Selbstbild zu vernünftig, um häufiger Drogen zu nehmen. Außerdem fehlten ihr zum regelmäßigen Konsum die Anlässe. Franziska musste grinsen. Ein vorbeilaufender Typ in einem floral gemusterten Kurzarmhemd und über den Knöcheln fransiger Jeans erwiderte das Grinsen und prostete ihr mit einem Plastikbecher voller Bier zu. Franziska schaute woanders hin und freute sich auf die Nacht.

Die Party fand auf einer sonst wahrscheinlich freiliegenden Schotterfläche in der Nähe des Wassers statt und war nicht so gut besucht wie im letzten Jahr. Man hatte den Versuch unternommen, das raue Areal durch ein paar Holzbuden und vereinzelte Palmen aufzuwerten, aber es wirkte wenn überhaupt hilflos und noch karger.

Das Event war dafür bekannt, dass während der zwei Tage große Mengen verschiedenster Drogen genommen wurden. Franziska fand zwar, dass dieser Umstand die Gefahr barg, sich die Veranstaltung als dünne, blasse Person mit grauer Haut, großen Pupillen und malmendem Kiefer vorzustellen, die über den Schotter irrte. Andererseits führte es dazu, ihren eigenen Konsum zu legitimieren und die halbe rosa Pille, die Mina ihr vor dem Klo in einer Kaugummipackung getarnt überreichte, in fast verantwortungsvoller Geste zu schlucken. Franziska spülte ab, füllte ihren Plastikbecher am Waschbecken mit Wasser auf und ging nach draußen, wo Mina auf sie wartete.

Wo bist du?? [03:23]

Franziskaaa [03:26]

ok ich fahre gleich nach Hause, mir wird kalt [03:43]

Franziska ?????? [03:58]

Ich gehe jetzt [04:03]

VIERZEHN

»Du siehst ein bisschen müde aus«, sagt Franziska zu Mehmet.

»Ja«, erwidert Mehmet, »ich habe schlecht geschlafen. Was ist das hier überhaupt für ein Laden?«

»Keine Ahnung, ein Kaffee-Hub.«

Mehmet lacht kurz darüber, wie Franziska ihre Bemerkung betont, und erzählt dann etwas von einem Account im Internet, den Franziska nicht kennt.

Mehmet ist in der Regel gleich gelaunt. Wie es ihm wirklich geht, merken die Leute im seltensten Fall, weil er gut darin ist, sämtliche Stimmungen mit einem Redeschwall zu kaschieren. Mehmet überschüttet die Leute mit Worten, damit sie sich nicht zu gründlich mit ihm auseinandersetzen. Franziska bildet sich ein, dass sie Mehmets Gemütszustand herausfiltern kann, aber sicher ist sie sich nicht immer.

Mehmet macht ein Bild seines Flat Whites, von oben. Während er das Bild betrachtet und als Nächstes den Kopf hebt und sich nochmal vergewissert, wie der Laden heißt, um ihn korrekt in seiner Story zu verlinken, fragt er: »Wie läuft es?«

Weil kein Nebentisch mithört, können die beiden befreit reden.

Sie zieht an ihrer Zigarette. »Ich bin noch nicht so richtig angekommen«, fügt sie an, ohne wirklich zu wissen, was es bedeutet, richtig anzukommen.

Mehmet nickt. Ohne auf ihre Nachfrage zu warten, steckt er sein Handy ein und beginnt zu reden. Wie seit drei Monaten sagt er mit gut gelaunter Stimme, dass er es nicht mehr aushält bei seinen Eltern, und wippt dabei mit einem angewinkelten Knie. Er sagt, dass es ihn »fertigmacht«, ihre Langsamkeit, ihr Älterwerden, ihr Schweigen. »Oh man«, sagt er zwischendurch und spricht das »man« englisch aus. Der Mietvertrag seines Zimmers im Studentenwohnheim war mit Abschluss des Studiums ausgelaufen. Mehmet hatte auf 20 Quadratmetern Linoleumboden gewohnt, auf den Fluren hatte es zu jeder Tages- und Nachtzeit nach Jugendherberge und irgendeinem Mittagessen gerochen. Franziska war immer gern bei ihm zu Besuch gewesen, weil sie sich dann allumfänglich studentisch vorgekommen war.

Um seinen Studienkredit zurückzuzahlen, braucht Mehmet Geld. Mehmet ist 28 und hat Sozialwissenschaften im Master studiert, aktuell verdient er ein bisschen mit Instagram und investiert unregelmäßig in verschiedene Kryptowährungen, aber davon versteht Franziska nichts. Mehmets Investitionsstrategie scheint jedenfalls nicht ertragreich genug zu sein für die Rückzahlung des Kredits und die Miete für ein Ein-Zimmer-Appartement in einem zentral gelegenen Teil einer Großstadt. Seine Bewerbungen waren bisher erfolglos.

»Ich hätte wahrscheinlich mehr Praktika machen müssen oder so. Keine Ahnung, haha.«

Franziska denkt, dass sie mit Mehmet wahrscheinlich über alles sprechen kann, auch über Geld, aber dass sie eigentlich noch nie über Geld gesprochen haben. Während er redet, denkt Franziska, dass sie manchmal vergisst, dass Mehmet im Gegensatz zu ihr ein echter Bildungsaufsteiger ist. Sie überlegt, ob sie zu wenig nach ihm gefragt hat, in letzter Zeit. Dann denkt sie: Nein. Mehmet macht trotz allem einen gefassten Eindruck auf sie. Franziska ist froh, dass ihre Freundschaft zu lang andauert, als dass sie auf etwas fußen müsste, das außerhalb kindlicher Verständigung liegt. Es wäre sicher anstrengend, wenn ihre Beziehung auf einem gemeinsamen Interessenbereich oder politischem Engagement basieren würde. Genauso selten wie über Geld sprechen Mehmet und Franziska über Politik. Sie reden über sich selbst und über ihre Gefühle, über das Internet, über Leute oder Musik, hin und wieder über Bücher. Franziska nimmt noch einen Schluck von dem Ingwertee, den die Kellnerin vor wenigen Minuten lächelnd an ihren Tisch gebracht hat. Beim Servieren hatte die Kellnerin »Enjoy« gesagt.

Mehmet versucht jetzt, zu beschreiben, wie die Beziehung zu seinem schweigenden Vater an ihm nagt. Er schafft es nicht zufriedenstellend, Franziska nickt trotzdem. Gerade im Gespräch mit Männern, die ein emanzipiertes Selbstbild haben und deshalb auch über ihre emotionale Situation reden, hat Franziska oft den Eindruck, alles Gesagte im Vorhinein zu kennen. Franziska überlegt, was sie gleich einstreuen könnte, damit Mehmet sich besser fühlt. Sie würde sich lieber Zeit nehmen und es aufschreiben, als ihren Rat hier und jetzt sofort in Sprache zu formulieren. Es sind immer so viele Worte auf einmal da. Sie muss sich beeilen, Mehmet ist fast fertig. Als er einen Schluck trinkt, sagt sie:

»Wieso ziehst du nicht mit Mina und Bene aufs Land?«

»Mh.« Mehmet wirkt unbeeindruckt.

Dann sagt er: »Da gibt es doch bestimmt nur Nazis.«

»Ich könnte mit ein paar Nazis besser umgehen als mit deinem Vater«, sagt Franziska.

Sie überlegt kurz, ob die Aussage zu hart oder der Unterton nicht scherzhaft genug war. Ihr Nacken wird heiß. Als Mehmet lacht, lacht Franziska erleichtert mit. Mehmet sagt: »Das ist so dumm.«

Sie lachen noch kurz, dann wechseln sie das Thema.

Wie es sich für einen Freundeskreis gehört, sprechen sie irgendwann über die anderen.

»Das soll jetzt kein Lästern sein«, sagen sie vor Sätzen, die alle Voraussetzungen des Lästerns erfüllen. An einer Stelle nennt Franziska die Beziehung von Mina und Benedikt »pathologisch«.

Mehmet pflichtet ihr bei, aber Franziska merkt, dass er nur so tut, als wäre er ihrer Meinung. Mehmet findet Mina »too much«, aber er würde nie etwas Schlechtes über Benedikt sagen. Franziska weiß, dass sie sich hin und wieder zu hart ausdrückt. Meistens tut es ihr ein paar Sekunden später leid. Sie fragt sich, was Mina und Benedikt wohl über sie reden, und sofort überkommt sie ein schlechtes Gewissen, weil sie sich beim besten Willen nicht vorstellen kann, dass sie etwas Schlechtes über sie sagen. Franziska denkt, dass sie ihre Freunde wirklich mag.

Dann fragt Mehmet: »Wie läuft es mit dem Buch?«

In diesem Moment setzt sich ein akademisch aussehendes Paar mit Kleinkind direkt neben sie an einen Stehtisch. Ihre gefütterten Funktionsjacken schlagen in der Sitzposition auf den Barhockern unvorteilhafte Wellen auf Bauchhöhe. Das Paar beginnt auf eine Art und Weise ein Gespräch zu führen, als würden sie sich das erste Mal in ihrem Leben miteinander unterhalten. Als Mehmet und Franziska zahlen und den Kaffee-Hub verlassen, drückt die Körperhaltung des Paares Enttäuschung aus, findet Franziska. Wahrscheinlich hätten sie ihren Gesprächen gern weiter zugehört, um später ein Thema außerhalb ihres kleinfamiliären Kosmos zu haben. Franziska findet, dass es den beiden nicht zu verübeln ist. Sie ist froh, dass Mehmet die Frage zu ihrem Buch vergisst.

Jetzt, nach anderthalb Stunden im Kaffee-Hub, ist der Nachmittag dunkelblau und spät. In einem rechteckigen Stück Wiese am Bürgersteig, das ein paar motivierte Anwohnerinnen begrünt haben, schießen neben einem Baum, dessen Stamm aus ungeklärten Gründen einen selbstgestrickten bunten Wollschal trägt, die ersten Narzissen des Jahres in die Luft. Sie sehen aus wie pubertierende Jungen, die viel Zucker essen: dünn und widerstandslos.

FÜNFZEHN

Das abgewetzte schwarz-weiße Kunstleder rollte auf sie zu, es gab also keine Alternative. Franziska löste sich aus dem Pulk an Mädchen, die auf dem Schulhof im Kreis standen, lief dem Ball ein Stück entgegen, lupfte ihn auf Hüfthöhe und schoss ihn, nachdem sie ihn zwei Mal hochgehalten hatte, in einer präzisen Bogenlampe zurück zu Mehmet.

Die ersten zwei Wochen auf der weiterführenden Schule hatte eine strikte Trennung zwischen Jungen und Mädchen geherrscht, die nicht vom Lehrpersonal, sondern von der Klasse selbst ausging. Die Mädchen standen in Grüppchen auf dem Schulhof oder setzten sich tuschelnd auf eine der Bänke, während die Jungen ein paar Meter weiter Fußball oder Basketball spielten. Franziska hatte sich an dieser geschlechtsspezifischen Aufteilung nicht weiter gestört. Auch wenn sie bis zu diesem Zeitpunkt nur breite Baggyhosen und Kapuzenpullover getragen hatte und von Weitem eher aussah wie ein Junge, fühlte sie sich bei den Mädchen wohl. Solang sie denken konnte, hatte Franziska zu gleichen Teilen männliche wie weibliche Freund:innen gehabt, ohne sich genauere Gedanken dazu gemacht zu haben. Dass man auf dem Gymnasium nicht mit »den Jungs« sprach, hielt Franziska, die ein sehr schüchternes Kind gewesen war, für eine Regel der weiterführenden Schule, an die sie sich gerne hielt, um nicht weiter aufzufallen.

Während der Ball auf Franziska zurollte, dachte sie also, dass sie ihn ohne großes Aufsehen zurückschießen konnte, schließlich musste sie dafür nicht mit dem schwarzhaarigen Jungen reden, der sich in Mathe ständig meldete und sie jetzt mit halb geöffnetem Mund anstarrte. Franziska war der Ansicht, sich an alle unausgesprochenen Regeln des Schulhofs gehalten zu haben.

Als sie sich zurück zu den Mädchen stellte, war es stiller geworden.

Die meisten der Mädchen im Stehkreis hatten aufgehört zu reden und schauten Franziska mit runden Augen an. Schließlich rief Vivienne, die Franziska noch von der Grundschule kannte: »Das macht sie doch dauernd!«, und hakte sich bei Franziska ein, obwohl sie sich bis dahin noch nie bei Franziska eingehakt hatte. Vivienne roch nach Mandarine und feuchtem Schal. Franziska, der die Aufmerksamkeit um ihre Person zu viel war, murmelte, dass sie auf die Toilette müsse, löste ihren Arm aus Viviennes und lief durch das seltsame Soziotop einer großen Pause an einem vorstädtischen Gymnasium hindurch in eine der grau gekachelten Kabinen der Mädchentoilette, um, ihr Pausenbrot kauend, nachzudenken. Franziska konnte schon damals am besten denken, wenn sie allein war.

Als ihre Mutter an diesem späten Nachmittag von der Apotheke nach Hause kam, bat Franziska sie, mit ihr in die Stadt zu fahren, um eine Schlaghose zu kaufen. Franziskas Mutter konnte die Freude über Franziskas Wunsch kaum verbergen, auch wenn sie ihrer schnellen Zustimmung sofort anfügte, dass es aber nicht zu teuer werden durfte. Sie fuhren in die Innenstadt, und Franziska suchte sich zwei Schlaghosen, ein rosa Shirt und einen gestreiften Pullover aus.

Auf dem Rückweg hatte Franziska einen trockenen Mund von der Luft der Esprit-Filiale und war erfüllt von der kurz anhaltenden Euphorie des Konsums.

Am nächsten Tag ging Franziska zum ersten Mal wie ein Mädchen angezogen in die Schule. Obwohl ihr Herz auf dem Weg von innen heftig gegen ihr rosa Oberteil schlug, das aufregend neu roch, schienen die anderen Mädchen ihren abrupten Stilwechsel normal aufzunehmen. Ein paar ihrer Klassenkameradinnen kommentierten »Cooles Oberteil«, nur Vivienne rief »Wow, Franzi, bist du jetzt doch noch ein Mädchen!«, als sie ihr entgegenkam, und Franziska wurde heiß.

Als Franziska am Ende der großen Pause, die sie in einem Kreis mit den anderen Mädchen verbracht hatte, unschlüssig im Eingangsbereich stand und auf Vivienne wartete, bemerkte sie plötzlich den schwarzhaarigen Jungen von gestern neben sich.

»Du kannst Fußball spielen«, sagte der Junge feststellend und ohne Umschweife.

Und dann: »Willst du morgen mitspielen?«

Franziska war erschrocken und schaute sich hektisch um, um sich zu vergewissern, dass sie niemand bei ihrer Unterhaltung beobachtete. Dann schüttelte sie energisch den Kopf.

»Mh«, machte der Junge. »Schade.«

Mehmet drehte sich wieder um und ging. Franziska löste langsam ihre Finger, die sie während der letzten zwei Minuten zu einer Faust geballt hatte, und merkte dann, dass sie über den Ausgang der Situation enttäuscht war. Während der nächsten Unterrichtsstunde (Erdkunde) riss sie ein kleines Stück kariertes Papier aus ihrem DIN-A4-Heft und schrieb: »Nach der Schule, 15 Uhr, Meckenkamp, die Wiese hinterm Hochhaus?«, und steckte ihn Mehmet bemüht unauffällig zu, als sie nach der fünften Stunde den Klassenraum verließen. Mehmet schaute für Franziskas Geschmack etwas zu auffällig auf den Zettel und nickte grinsend.

Nachdem Mehmet und Franziska sich ein paarmal allein getroffen hatten, brachte Mehmet an einem Dienstagnachmittag Benedikt mit, weil Fußball zu dritt mehr Spaß machte. Benedikt und Mehmet merkten schnell, dass Franziska ihnen fußballerisch gewachsen und teilweise überlegen war. Nach dem Spielen gingen sie häufig zu Benedikt, um Eistee aus dem Tetrapack zu trinken und dabei auf der N64 »Tony Hawk's Pro Skater 2« zu spielen, ein Videospiel, bei dem Franziska schlecht blieb und keinerlei Fortschritte machte. Es war ihr egal, sie liebte die Nachmittage, an denen sie verschwitzt auf dem in pastellfarbenen Schlieren gehaltenen Samtstoff der Eck-Couchgarnitur von Benedikts Großeltern saßen, die irgendwie auch Benedikts Eltern waren, aber das verstand Franziska erst später. Während sie sich mit Mehmet schnell anfreundete, herrschte zwischen Franziska und Benedikt auch damals eine höfliche Distanz, die sich zu keinem Zeitpunkt auflöste, weil beide mit ihr zufrieden waren.

SECHZEHN

Das Café trägt den Namen »der Laden«. Es wird abends zur Bar und liegt im Erdgeschoss eines 60er-Jahre-Baus, bei dessen Anblick Franziska zuerst an grauen Teppichboden und den Geruch laut lüftender Windows-PC-Tower denkt. Von außen wirkt das Gebäude so, als wären hinter seinen unspektakulären Fenstern früher VHS-Kurse abgehalten und die Räumlichkeiten auf mindestens einer Etage mittlerweile von einem jungen, dynamisch aufgestellten Start-up bezogen worden, das diese Etage »Open Space« nennt. Zwischendurch war es wahrscheinlich wegen seiner erhöhten PCB-Belastung saniert worden.

Sie ist zum ersten Mal hier, Mina hatte den Ort ausgesucht, um ihren »°~Abschied~°« zu feiern, so hatte sie die Telegram-Gruppe genannt. Das neueröffnete Café befindet sich nicht direkt im lebenswerten Teil des Viertels, in dem Franziska vor mehreren Jahren durch einen Glücksfall eine bezahlbare Wohnung gefunden hatte. In diesem Straßenabschnitt war die Gentrifizierung noch nicht gänzlich abgeschlossen, aber machte gut sichtbare Fortschritte. Die Straße, die hierherführt, könnte genauso in einem Industriegebiet liegen. Auf dem Weg fallen vor allem ein Getränkemarkt, ein geschlossener Discounter und ein Geschäft für Vintage-Möbel auf. Während sie durch die Dämmerung laufen, überkommt Franziska das Gefühl, sich nie wieder unterhalten zu können. Auch Mehmet ist für seine Verhältnisse sehr ruhig, er erzählt unengagiert von einem französischen DJ, den Franziska nicht kennt. Zwischendurch macht sie zustimmende Laute und konzentriert sich darauf, ihren Schritt so anzupassen, dass ihre Doc Martens nicht die Rillen zwischen den Asphaltplatten berühren.

Der Boden des Cafés besteht aus weiß lackierten Holzdielen, die an manchen Stellen auf schöne Art abgenutzt aussehen. Es gibt mehrere stilsicher aufgearbeitete Vintage-Kommoden und minimalistisch gefüllte Bücherregale, an denen gepflegte Efeututen herunterfallen. An der Wand hängen Plakate mit in charismatischem Font gehaltenen Sätzen wie »I Wait Here For You Forever As Long As It Takes«. Schwarze geometrische Lampen aus Metall, die in ihrer Mitte eine große Glühbirne fassen, hängen über den Tischen. Franziska hat den Eindruck, den Instagram-Feed einer nachhaltigen skandinavischen Interiour-Marke betreten zu haben. Im Hintergrund läuft die kuratierte Playlist eines Streaminganbieters, deren Rubrik Franziska auf »Feel Good« oder »Instrumental« schätzt. Sie fühlt sich insgesamt wohl.

»Ja, also so sieht es aus«, sagt Mina gerade, als sie an den ausladenden Tisch treten, und hält ihr Smartphone mit Bildern des Grundstücks in die Runde. Außer Benedikt und Mina sind noch Lo und Aldin da, die mit den beiden in das Haus ziehen werden. Lo sitzt neben Mina, sie trägt ein hellgraues geripptes Oberteil mit Rollkragen, den Pony ihrer kinnlangen dunkelbraunen Haare hat sie mit zwei Spangen aus dem Gesicht gesteckt. Ihre Haut wirkt im nachlassenden Licht des Nachmittags eben und weich. Sie hat Franziska und Mehmet angelächelt, als die beiden hereinkamen, und es wirkte echt. Aldin sitzt neben Benedikt. Franziska spürt seinen Blick, während sie sich auf einen Stuhl setzt und unbeholfen ihre Jacke auszieht. Franziska schaut sich um. An den ebenfalls weiß getünchten Nebentischen des Cafés sitzen Menschen, die bis zu ihrem Tod über die Missstände der Welt sprechen werden, ohne direkt von ihnen betroffen zu sein. Viele von ihnen sind tätowiert.

Minas Begrüßung fällt knapp aus, weil Mehmet und Franziska eine Stunde zu spät sind.

»sry, müssen noch kurz was besorgen«, hatte Mehmet in die Telegram-Gruppe geschrieben. Mina reagiert mittlerweile empfindlich auf Unpünktlichkeit, auch wenn sie das nicht zugeben würde, weil es ihrem gleichmütigen und lockeren Selbstbild widerspricht. Franziska weiß, dass ein offenes Aussprechen ihres Missfallens Mina selbst zu sehr an ihre Mutter erinnern würde. Mina will auf keinen Fall werden wie ihre Mutter. Franziska findet, dass das eine ihrer größten Schwachstellen ist.

Mina versucht also, sich nichts anmerken zu lassen, und es gelingt ihr wie das meiste, das sie tut, gut. Nur Franziska nimmt ihre leicht entrückte Stimmung wahr.

Im beschlagenen Schaufenster am Eingang des Cafés stehen zwei schön gewachsene Monsteras, die Ränder ihrer löchrigen Blätter hinterlassen feuchte Spuren an den Stellen, wo sie das Glas berühren.

Mehmet und Franziska bestellen über den QR-Code auf dem Tisch Getränke, während Minas Smartphone weiter die Runde dreht. Auf den Bildern erkennt man ein zweistöckiges Haus aus rotbräunlichem Klinker, das Grundstück wird von Nadelbäumen gesäumt, deren Art Franziska nicht benennen kann. Das nächste Bild zeigt mehrfach separierte kleine Fenster, die an Norddeutschland oder die Niederlande erinnern und nicht an die westdeutsche Provinz. Alles scheint ein wenig verwildert und seit längerer Zeit unberührt. Auf dem Rest der Bilder sind staubige Räume mit braunen Türrahmen zu sehen, deren Wände unverputzt sind. An manchen Stellen erkennt man Reste eines vergilbten Tapetenmusters, das Franziskas Mutter als »retro« beschreiben würde. Die Decken wirken niedrig, findet Franziska. Die Fotos lösen in ihr eine Mischung aus den Gefühlen von drückendem Stillstand und beruhigender Sicherheit aus.

»Wir müssen noch streichen«, sagt Mina, »aber dafür haben wir uns die erste Woche freigehalten. Die Türen lackieren wir weiß und die Küche bauen wir selbst.«

Anstrengend, denkt Franziska.

»Cool«, sagt Franziska und reicht Minas Fairphone 3 weiter an Mehmet.

Mina erzählt jetzt, dass das Erdgeschoss mit großer Küche und Wohnzimmer als Gemeinschaftsbereich genutzt werden soll. Darüber hinaus würden alle ihre eigene Wohneinheit beziehen. Sie und Benedikt zahlen etwas mehr Miete als die anderen, weil sie die größte Wohnung unterm Dach bewohnen, die mit eigener Küche und Bad ausgestattet ist. Franziska weiß, dass Mina vorgeschlagen hatte, die Miete solidarisch aufzuteilen, aber das hatten die anderen abgelehnt.

Lo zieht in die Zwei-Zimmer-Einheit im nach Norden ausgerichteten Teil der ersten Etage des Hauses. Aldin wird 1,5 Zimmer im südlichen Teil der Etage bewohnen. Die Gartenarbeit, Nebenkosten, WLAN und den Unterhalt für Minas Auto, das sie der Gruppe zur Verfügung stellt, teilen sie unter sich auf.

Ähnlich flüchtig wie Aldin kennt Franziska Lo. Mina hatte sie während eines Tanzworkshops an der anthroposophisch ausgerichteten Universität kennengelernt. Während ihr Handy herumgereicht wird, unterhält sich Mina weiterhin fast ausschließlich mit Lo. Zwischendurch lachen die beiden. Franziska denkt, dass es nicht so ist, als würde sie Lo nicht mögen. Sie hatte sich auf einer WG-Party eines gemeinsamen Bekannten etwas länger mit ihr unterhalten. Damals hatten sie über das letzte Buch von Miranda July gesprochen und eine ähnliche Meinung dazu gehabt. Es war das einzige intensivere Zusammentreffen mit Lo geblieben, ansonsten hatten ihre Begegnungen aus flüchtigen Begrüßungen und ein paar Quick-Reactions auf Insta-Stories bestanden. Franziska beobachtet, wie Mina Lo etwas auf ihrem Handy zeigt und beide lachen. Sie überlegt, ob sie eifersüchtig ist. Lo ist Schriftstellerin, sie hat schon ein Buch unter ihrem Namen veröffentlicht und lädt regelmäßig mit einem rostbraunen Filter überzogene Bilder in ihren Feed, der knapp 5.000 Follower mehr hat als Franziskas. Franziska hat Los Buch nicht gelesen. Sie hat gehört, dass es um eine Frau geht, die mit ihrem Hund eine Weltreise macht. Franziska beobachtet, wie Lo mit ihren Händen gestikuliert und irgendetwas sagt, Mina lacht schon wieder. Franziska denkt: Ab 27 lachen Leute anders.

Sie hat nicht den Eindruck, dass Lo mit Absicht eine Konkurrenz für sie darstellen will. Es wirkt eher so, als hätte sie bisher kein Interesse daran gehabt, sich über ein oberflächliches Maß hinaus mit Franziska auseinanderzusetzen.

»Man ist mit dem Zug in anderthalb Stunden hier, nur einmal umsteigen«, sagt Mina jetzt in Mehmets Richtung, der durch die Bilder auf ihrem Handy scrollt.

»Ach cool«, sagt Mehmet. Er hat längst weitergewischt und schaut sich gerade ein Selfie von Mina und Benedikt an, das aussieht wie das geübte Selfie eines Paares, das seit drei Jahren zusammen ist. Franziska versucht im Verlauf des frühen Abends einige Male, einen Blickkontakt mit Mina herzustellen, der ihr das Gefühl einer unausgesprochenen Bande zwischen ihnen gibt, so wie früher. Es gelingt ihr nicht.

Ende letzten Jahres war überraschend Minas Tante gestorben, zu der Mina, anders als zu ihren Eltern, eine enge Beziehung gehabt hatte. Manchmal denkt Franziska, dass Mina es durch die fehlende emotionale Nähe zu ihren Eltern leicht gehabt hatte, sich früh an eine andere Person zu binden, um so schnellstmöglich eine Ersatzfamilie zu gründen. Als sie Mina kennengelernt hatte, war es ihr unmöglich erschienen, sie sich in einer langjährigen Beziehung mit einem Mann vorzustellen. Franziskas Blick wandert zu Benedikt. Benedikt lächelt sie an. Sie sitzen zu weit auseinander, um sich unterhalten zu können.

Franziska findet das angenehm, eine Unterhaltung zwischen ihnen erweist sich nach wie vor als überhöflich und verspannt. Sie ist sich sicher, dass Benedikt es auch angenehm findet. Franziska lächelt zurück.

Als Minas Mutter ihrer Tochter Anfang letzten Jahres per WhatsApp-Nachricht unterbreitete, dass sie das Haus ihrer Schwester verkaufen wolle, anders sei es nicht zu machen - Minas Mutter doziert an der Musikhochschule Leipzig, ihr Vater hat eine hohe Position in einem IT-Betrieb inne und lebt mit seiner Lebensgefährtin bei Hamburg -, kam Mina, die es befremdlich fand, dass ihre Mutter solche Dinge via WhatsApp kommunizierte und selbst für Neuigkeiten dieser Art nicht mehr anrief, die Idee.

Franziska schaut in die Runde. Bis auf Mina und Lo wirken alle ein wenig abwesend, niemand redet viel. Also hören alle den beiden zu. Mina erzählt eine Geschichte, die sie kürzlich mit einem Obdachlosen erlebt hat, sie klingt unangenehm sozialromantisch. Als es zu unangenehm wird, beginnen Aldin und Benedikt halbherzig über einen Film zu sprechen, den Franziska nicht kennt. Ihre Unterhaltung wirkt gescripted. Franziska denkt: Immerhin reden sie nicht über ihre Jobs. Im Hintergrund läuft mittlerweile Musik, die Franziska als eine Art Deep House identifiziert, zu der hedonistische Großstädter mit geschlossenen Augen die Arme heben und hoffen, etwas zu fühlen.

Franziska, Mehmet und Aldin trinken Bier, während sich der Rest der Gruppe für Tee oder Schorle entschieden hat. Franziska findet das lächerlich, wenigstens diesen Anlass hätte man dem Zusammenhalt zuliebe mit etwas Alkohol zelebrieren können. Franziska ist der Meinung, dass Alkohol in den richtigen Momenten entscheidend sein kann. Außerdem sind sie alle Ende 20 oder Anfang 30 und nicht Ende 40. Wie immer, wenn Mina nichts trinkt, fragt Franziska sich, ob sie schwanger ist.

Vielleicht wirkt der Lebensabschnitt »Jugend« erst mit einem Kind abgeschlossen, denkt Franziska, während Mina und Lo über ihre Pläne für den Garten reden, als wären die anderen unsichtbar. Franziska nimmt noch einen Schluck Bier und hört, wie Mina mit viel Energie und Vorfreude »... und japanische Minze!« sagt.

Um irgendetwas zu tun, macht Franziska in eine Gesprächspause hinein einen banalen Scherz über die Wand-Deko des Cafés, den sie zwei Sekunden später bereut. Nur Mehmet geht darauf ein, um ihr einen Gefallen zu tun.

Er sagt: »Haha, ja, stimmt.«

Dann schaut er auf sein Handy. Franziska bemerkt, dass Aldin sich ihr zugewandt hat. Sie erwidert seinen Blick und er lächelt. Franziskas Gesicht wird kurz heiß. Sie schaut schnell weg und freut sich über das gedimmte Licht im Café. Mina unterbricht sich und schaut in Franziskas Richtung, ihre Blicke treffen sich kurz. Franziska denkt: Rede mit mir. Ich bin wieder da. Dann nimmt Mina ihren Satz wieder auf und wendet sich zurück in Los Richtung.

Sie würden in einem Monat umziehen, ihre Wohnungen hatten alle gekündigt. Aldin war in einer deutsch-polnischen NGO für Social Media zuständig und konnte im Homeoffice arbeiten. Lo hatte wahrscheinlich reiche Eltern oder ein Stipendium, aber das wusste Franziska nicht genau. Mina wollte in der Gegend einen Job im Bereich Kunsttherapie suchen und langfristig eine eigene Praxis eröffnen. Sie hatte von ihrer kinderlosen Tante neben dem Haus auch eine Summe an Geld geerbt, die ihr dieses Vorhaben unabhängig vom Wohlwollen ihrer Eltern ermöglichte.

Franziska hatte Mina zwar in ihrer Idee bestärkt, das Haus zu renovieren und aufs Land zu ziehen, aber nur weil sie wusste, dass Mina ihre Entscheidung längst getroffen hatte und nur aus Höflichkeit nach Franziskas Meinung fragte. In Wahrheit findet Franziska das Vorhaben eskapistisch und viel zu hippiesk. Sie denkt, dass es am Ende genauso lächerlich ist, wie den größten Teil seines Einkommens in ein paar Quadratmeter Wohnraum in einem hübschen und zentralen Viertel einer Großstadt versickern zu lassen. Mina hatte Franziska kein einziges Mal gefragt, ob sie mit ihnen umziehen wollte.

»Ich gehe rauchen«, sagt Mehmet in Franziskas Richtung.

Sie nickt und folgt ihm nach draußen.

»Sie machen es also wirklich«, sagt Franziska extra bedeutungsvoll und inhaliert den Rauch, so tief es geht. Sie sitzt mit Mehmet auf den Stufen vor »dem Laden«. Der Filter des Joints wird heiß an ihren Lippen. Franziska kifft selten, und wenn, dann mit Mehmet. Sie weiß nicht genau, wie oft Mehmet kifft. Mehmets Stimme klingt gepresst, als er »Komplett abgehoben, vor allem diese Lo« sagt, weil er den Rauch möglichst lange in seiner Lunge halten will.

In diesem Moment kommt Aldin die Stufen herunter.

»Sie machen es wirklich«, bestätigt Mehmet und lächelt verunsichert, weil er nicht weiß, wie viel Aldin mitgehört hat.

Aldin wirkt unbeeindruckt und zündet sich eine selbstgedrehte Zigarette an. Er raucht schweigend. Es sieht so aus, als würde er jeden Zug genießen. Mehmet, dem die Situation merklich unangenehm ist, wechselt das Thema und erzählt von einer Party, auf die er morgen gehen will. Weder Aldin noch Franziska haben eine explizite Meinung zu der Party, deswegen ergibt sich kein flüssiges Gespräch. Ein Auto fährt durch die sonst ausgestorbene Straße, kurz zieht ein dumpfer Trap-Beat die Stille mit sich. Mehmet schaut auf sein Handy. Franziska spürt, wie Aldin sie beobachtet, während sie nochmal am Joint zieht. Sie steht auf und läuft auf der Stelle, weil ihr kalt wird.

Aldin sagt: »Ist dir kalt?«

Franziska sagt: »Ja.«

Aldin sagt: »Ah.« Sie schauen sich kurz an.

Dann sagt Mehmet: »Wieder rein?«

Dann gehen sie wieder rein.

Auf dem Nachhauseweg tippt Franziska als Notiz in ihr Handy:

»quantitative well-being«

Ihre Schwester Johanna hatte den Begriff bei einem Telefonat verwendet. Franziska erinnerte sich nicht mehr genau an den Kontext oder seine Bedeutung, es hatte wahrscheinlich etwas mit Ökonomie zu tun. Sie findet den Ausdruck einfach schön und notiert ihn deshalb.

Als Franziska im Bett liegt, schickt sie sich die Notiz an ihre Mail-Adresse, um sich am nächsten Morgen, der in all seiner Beschaffenheit milchig ist, über sie zu wundern. Franziska werden drei neue Follower auf Instagram angezeigt. Einer der Accounts heißt @aldi_nord und stellt sich als Aldin heraus. Sein Profil ist öffentlich, es sieht auf unaufdringliche Weise ästhetisch aus. Franziska steht auf und kocht sich gut gelaunt Kaffee. Sie würde ihm nicht sofort zurückfolgen, aber spätestens am Abend. Kurz darauf fällt der letzte Schnee des Jahres. Die Flocken schmelzen sofort, als sie auf den Boden treffen.

ZWEITER TEIL

EINS

Gundula Herford lächelt sanft. Franziska überlegt, ob sie Gundula Herford auch anders kennt als sanft lächelnd. Sie kann sich an keinen weiteren Ausdruck im Gesicht ihrer Lektorin erinnern. Die schmalen, in einem etwas zu dunklen Rotton gefärbten Lippen dehnen sich ständig in einer angedeuteten Kurve nach oben. Außerdem hat Gundula die Angewohnheit, in bestimmten Momenten des Gesprächs ihre Augen zusammenzukneifen und sanft »Gell?« zu sagen. Franziska hat bis heute keine Ahnung, wie man auf den Ausspruch »Gell?« angemessen reagieren soll. Es ist für sie ein Mysterium des Südens, das nach Wohlstand, Weißwurst und einer Mentalität klingt, die Franziska nie ganz durchdringen wird. Für Gundula ist ein Teil der Konversation mit diesem »Gell?« in der Regel abgeschlossen. In ihrer sanft lächelnden, blinzelnden Art kultiviert Gundula eine bestimmende, fast autoritäre Gesprächsführung.

Franziska beobachtet die sich öffnenden und wieder schließenden Striche in Dunkelrot. An den Rändern ist der Lippenstift unregelmäßig aufgetragen. Er verblasst um tiefrote, feine Rillen.

Franziska überlegt, ob sie sich vor Gundula fürchtet. Sie bohrt die Spitze ihres rechten Schuhs geräuschlos in den rauen Teppichboden.

»Du willst es wirklich dabei belassen, also multiperspektivisch? Versteh mich nicht falsch, ich mag deine ersten Versuche, aber es ist sehr dicht. Mit den Namen. Willst du dich nicht auf eine Perspektive festlegen? Das wäre einfacher zu verfolgen, für den Leser. Außerdem wirkt die Geschichte nicht sehr straff. Ich frage mich: Was will der Text? Wo genau ist der Zusammenhang? Gell?«

Gundula Herford trägt zwei üppige Ringe an ihrer rechten Hand, einen am Ring- und einen anderen am Mittelfinger. Ein Ende ihres leichten hellblauen Seidenschals rutscht immer wieder über ihre rechte Schulter. Der Ring an ihrem Mittelfinger fasst einen kleinen dunkelroten Stein. Franziska findet es befremdlich, dass Gundula und sie sich duzen. Gundula kann ihr so näher kommen, als es Franziska lieb ist. Es macht es ihr leichter, sie lächelnd und blinzelnd zu dominieren.

Als Gundula ihr das Du angeboten hatte - es war vor etwa zweieinhalb Jahren zu Beginn der Arbeit am Buch der Motivationstrainerin gewesen -, hatte Franziska nichts dagegen einwenden können, dafür war sie im Literaturbetrieb zu neu gewesen.

»Du, und die eine Figur, Mehmet, da müssen wir nochmal sehen.«

Franziska räuspert sich. Sie fühlt sich wie damals unfähig, Gundula zu widersprechen.

Gundula kneift die Augen zusammen und redet auf der anderen Seite des kleinen Beistelltischs lächelnd weiter.

»Die Charaktere wirken an der ein oder anderen Stelle noch etwas zu flach. Wie wäre es, wenn du die Anzahl der Figuren reduzierst? Mehmet« - sie betont den Namen, als wäre er eine Erfindung – »und Benedikt zum Beispiel, die sind sich sehr ähnlich. Wenn du die zusammenführst?«

Franziska hat das Bedürfnis, sich in Gundulas Bürostuhl zur Seite zu kippen und in ein anderes Leben zu fallen. Sie greift die Stuhllehnen und wippt ein bisschen, nur ganz leicht, sodass Gundula es nicht bemerkt.

»Die werde ich auf jeden Fall noch ändern. Das sind nur vorübergehende Namen, ich benutze die fürs Schreiben.«

Ihre Lektorin scheint mit Franziskas Antwort zufrieden zu sein. Sie lächelt Franziska an und streicht sich mit der Hand eine dunkelrote Strähne Kurzhaarfrisur aus der Stirn.

Als Franziska das Verlagsbüro verlässt, entfernt sich der Tag vom Nachmittag. Sie legt den Kopf in den Nacken. Franziska sieht ausschlagende Äste, die sich am oberen Ende ihres dicken Ursprungs vereinzeln und einen Baum ergeben. Franziska denkt darüber nach, wie es wäre, sich außerhalb Europas ein Leben aufzubauen. Sie geht langsam den Bürgersteig hinunter. Bevor ihre regelmäßigen Telefonate langsam abebbten, hatte Mina ihr von einem Bekannten erzählt, der nach seinem Soziologiestudium auf einer indonesischen Insel Urlaub gemacht, dort anschließend für wenig Geld ein Stück Land gekauft und darauf eine Surfschule eröffnet hatte, in der er seitdem vorwiegend reichen europäischen Touristen Surfunterricht gab. Das Geld dafür hatte er von seinen Eltern geerbt, die Zahnärzte waren und bei einem Autounfall ums Leben kamen, als er gerade seine Bachelorarbeit schrieb.

Über ihrem Kopf zwitschern ein paar Vögel laut und

unbeholfen, als wären sie überrascht über das warme Wetter Mitte Mai. Franziska holt ihr iPhone heraus. Sie schreibt an Malo:

»was findest du besser, männer oder frauen oder kinder?«

Dann schreibt sie noch:

»was machst du in nächster zeit? ich fahre nach paris wenn du da bist«

ZWEI

Franziska hatte etwa zwei Wochen mit Cyril zusammengewohnt, als sie Malo kennenlernte. Sie waren an einem Samstagabend zu dritt ins Kino gegangen. Malo hatte den Film vorgeschlagen - *Toni Erdmann* - und Franziska hatte sich gefreut, dass es ein deutscher Film war, den sie sehen würden. Kurz darauf war es ihr unangenehm gewesen, dass sie sich über diese Tatsache gefreut hatte.

Auf dem Weg zum Kino erzählte Cyril ihr, dass Malos Mutter Deutsche sei und Malo deshalb auch Deutsch spreche. Eine neidvolle Nuance legte sich dabei auf seine Stimme. Cyril übte täglich Deutsch mit Duolingo, Franziska zerfloss jedes Mal von ihrer Mitte aus, wenn er in starkem südfranzösischem Akzent einen Satz wie »Der Tiger mag Äpfel« in sein Handy sagte. Cyril trug an diesem Tag eine Jeansjacke, die Franziska nicht mochte.

Sie hatte geantwortet: »Ahh, d'accord.«

Cyril und Malo waren in einem kleinen Ort bei Montpellier aufgewachsen und dort gemeinsam zur Schule gegangen. Malo studierte Film. Weil Cyril ihn bisher nur beiläufig erwähnt hatte, stufte Franziska die Freundschaft der beiden bis zu diesem Zeitpunkt als eine ein, die auf dieser gemeinsamen Vergangenheit beruhte, und ging nicht davon aus, dass sie noch besonders eng war. Als Cyril und

Malo sich vor dem Kino begrüßten, bemerkte Franziska, dass sie sich getäuscht hatte. Sie nahm eine Vertrautheit zwischen den beiden wahr, die sie einschüchterte, und sie vermisste Mina und Mehmet.

Malo war etwas kleiner als Cyril, aber genauso groß wie Franziska. Er hatte mittellange schwarze Haare und blasse Haut. Seine Oberlippe und sein Kinn rahmte ein unregelmäßig dichter Bart, der überraschenderweise nicht schlecht aussah. Er lachte, als Cyril ihm Franziska vorstellte, und seine Augen sahen freundlich und müde aus. Im Kino saß Franziska zwischen Malo und Cyril. Während der Vorstellung weinte sie im dunklen Kinosaal das letzte Mal für lange Zeit still und ausgiebig, weil sie der Film so ergriff. Sie wusste nicht, ob die beiden es mitbekamen. Als sie vor dem Kino auf den Bürgersteig traten, fühlte Franziska sich so durchlässig und hoffnungsvoll wie lange nicht mehr.

Nach dem Film gingen die drei in eine nahegelegene Bar. Auf dem Weg bezeichnete Cyril den Ort als Franziskas Lieblingsbar. Franziska fand diese Formulierung übertrieben. Sie hatte sich an einem ihrer ersten Tag in Paris in diese Bar gesetzt, um nicht weiter über die riesige Auswahl an Bars und Cafés im Viertel nachdenken zu müssen. Cyril sagte häufig irgendetwas, das sich in der jeweiligen Situation gut anhörte, aber nur halb stimmte. Vor zwei Tagen hatte er Franziska im kurz angebundenen Gespräch mit dem Mann im Gemüsehandel an der Ecke als seine Freundin bezeichnet.

»Ma copine«, hatte er gesagt. Franziska war nach einem kurzen Moment der Überraschung zu dem Ergebnis gekommen, dass das wahrscheinlich normal sei, immerhin wohnte sie bei ihm. Sie hatten vorher nie über ihren Beziehungsstatus gesprochen. Mina und Mehmet wussten noch nicht, dass sie mit Cyril zusammenwohnte, ihrer Mutter sagte sie, dass sie eine neue WG gefunden hatte mit einem größeren Zimmer.

Franziska zog geräuschvoll die Nase hoch, während Cyril und Malo über jemanden redeten, den sie nicht kannte.

Das Zusammenleben mit Cyril war bisher sehr unaufgeregt verlaufen. Er arbeitete tagsüber als Grundschullehrer und schickte Franziska in den Pausen Selfies, die sie süß fand. Franziska ging zur Uni oder in die Bibliothek und schickte Cyril Selfies zurück, auf die er mit bunten Herzen reagierte und schrieb, dass er sie vermisste. Abends kochten sie zusammen und schliefen danach häufig miteinander. Nach dem Sex war Cyril jedes Mal vollkommen außer sich, so als wäre er gerade durch die sich langsam schließende Tür eines Zuges gesprintet, den er sonst verpasst hätte. Franziska fand den Sex nicht schlecht, aber insgesamt wenig besonders. Sie freute sich zwar für ihn, allerdings fühlte sie sich jedes Mal unwohl, weil sie in diesen Momenten das Gefühl hatte, seine Euphorie teilen zu müssen.

Cyril sagte dann aufrichtige Dinge wie: »Das war unglaublich schön.«

Franziska antwortete in der Regel: »Oui, grave.«

Wenn Cyril nach dem Sex duschte - das tat er immer -, nahm sie manchmal das T-Shirt aus dem Wäschekorb, das er als Letztes getragen hatte, legte sich wieder ins Bett und roch daran.

Cyril hatte einen Arm um Franziskas Schulter gelegt, während sie durch die bergauf führende *Rue Myra* liefen. Ihre Körperseiten prallten beim Gehen aneinander, so als würden sie sich gegenseitig abstoßen. Franziska wollte sich aus seiner Umarmung lösen, weil sie der Umstand traurig machte, aber sie ließ es, weil es ihr zu hart vorgekommen wäre. Erst als sie einem Hund ausweichen mussten, dessen tiefgelber Urin ihnen auf dem abschüssigen Bürgersteig entgegenrann, ließ Cyrils Arm von ihr ab. Franziska straffte ihre Schultern.

Sie kamen an mehreren Afro-Shops vorbei, in und vor denen sich viele Menschen aufhielten, die ausgelassen und geschäftig wirkten. Malo ging voran, weil der Bürgersteig so schmal war. Franziska fand, dass seine dunkelblaue, an den Beinen umgeschlagene Levi's nicht besser hätte sitzen können. Sie überholten ein paar unförmige Touristen mit nach vorn gebeugten Oberkörpern, die schwer atmend auf dem Weg zu Sacré-Cœur waren.

Sie überquerten einen Zebrastreifen und Franziska überlegte, dass sie genauso wenig dafür wie dagegen gehabt hatte, von jenem Moment im arabischen Gemüsehandel an Cyrils Freundin zu sein.

In der Bar redeten sie zunächst über den Film. Malo fand ihn ähnlich gut wie Franziska, Cyril meinte, dass er ihm etwas zu lang gewesen war.

»Ich hätte noch zwei Stunden länger zugucken können«, hörte Franziska sich tonloser als gewollt sagen und nahm einen Schluck Leffe, ein belgisches Bier, das hier alle tranken und das nach drei Schlucken schwer und langsam machte.

Danach stellte Malo Franziska ein paar Fragen zu ihrer Lebenssituation und sie antwortete, dass sie seit etwa einem halben Jahr in Paris war, dass sie ihren Masterabschluss in Romanistik an der Sorbonne IV machte, dass sie bis vor Kurzem in einer WG gewohnt hatte, dass sie hin und wieder einen Text in einem Magazin veröffentlichte, ja, genau. Sie erzählte nicht, dass sie gerade an einem Buch arbeitete, das klang von allen Dingen am schlimmsten. Wie immer kam es Franziska nach zwei Sätzen lächerlich vor, über sich selbst zu reden, aber auf Französisch war es etwas leichter. Es klang so, als würde jemand anderes aus ihrem Mund über das Leben von Franziska Josefin Kummert sprechen. Franziska fiel auf, dass Malo nicht mehr so müde wirkte wie zu Beginn des Abends. Er hörte ihr sehr aufmerksam zu und seine Augen waren dabei zwei hellbraune Murmeln, die auf weißem Hintergrund schnell von links nach rechts sprangen.

Als Cyril zur Toilette ging, wechselte Malo plötzlich zu Deutsch. Er erzählte, dass er in Berlin geboren war.

»Ich erinnere mich aber kaum. Ich weiß nur, dass ich in Deutschland alles eckiger in Erinnerung habe.«

Franziska lachte. Sie lachte nicht, weil sie die Beobachtung besonders originell fand, sondern weil sie Malo anlachen wollte.

Nach der Grundschule war die Familie nach Frankreich gegangen, wegen des Jobs seines Vaters, der Franzose war.

»Er wollte aber eh zurück, die ganze Zeit. Er ist gar nicht klargekommen auf Deutschland.«

Franziska sagte: »Ah, okay.«

Sie fand es befremdlich, plötzlich deutsch zu reden. Alles klang jetzt so nah und so banal.

Sie fragte: »Woran arbeitest du gerade?«

Dann kam Cyril von der Toilette, der Kellner brachte die nächste Runde Bier und sagte etwas kurz Angebundenes und Freundliches zu Franziska, auf das sie mit einem Lachen reagierte. Danach sprachen die drei auf Französisch über etwas anderes und es kam nicht mehr dazu, dass Malo die Frage beantwortete.

DREI

In der Luft liegt der beruhigende Duft von frisch gemähtem Rasen. Seit sie vornübergebeugt, beide Beine durchgestreckt, mit ihren Fingerspitzen den Boden berühren kann, hat Franziska den Eindruck, in dieser Welt doch noch einen Platz zu finden. Während sie ihre hintere Oberschenkelmuskulatur dehnt, betrachtet sie die Stelle oberhalb ihrer Knie, die in letzter Zeit fast wöchentlich an Spannung zu verlieren scheint. Franziska zupft ein bisschen an der losen Haut.

Während ihrer Joggingrunde waren ihr kaum Menschen begegnet. Auf Weiden oder in weitläufigen Gehegen standen in Zeitlupe kauende Kühe, abwesend wirkende Pferde oder Schafe mit dreckiger Wolle. Sie war an einem Straußengehege und einem Alpakahof vorbeigelaufen. Während die Sträuße sie ignorierten, hatten die Alpakas überrascht ihre Köpfe gehoben, so als wäre Franziska eine von ihnen. Franziska hatte sich für einen flüchtigen Moment willkommen gefühlt, die Musik pausiert und in die unförmigen Augen in kurz geschorenem Fell geschaut. Daraufhin hatten sich die langen Hälse der Alpakas wieder Richtung Gras geschwenkt.

Franziska denkt, dass Tiere sie nicht weiter interessieren, aber dass sie froh ist, dass es sie gibt. Es ist so ähnlich wie mit Architektur. Sie hebt ihren rechten Arm über den Kopf und beugt ihren Oberkörper nach links, um ihre rechte Körperseite zu dehnen. Dabei atmet sie geräuschvoll aus.

Franziska war eine größere Runde von etwa zehn Kilometern gelaufen, um sich einen Eindruck von der Gegend machen zu können. Zwischendurch war ihr das ein oder andere besonders biedere Anwesen ins Auge gefallen, das auf eine aufdringliche Art ländliche Romantik versprühen wollte. Milchkannen aus Aluminium lagen dekorativ auf penibel gestutzten Wiesen, Blumen in kräftigen Farben wuchsen auf bedrückende Weise aus ihren Öffnungen heraus.

Vereinzelt entdeckte sie ein geschmackvolles Gebäude hinter einem weniger konstruierten Vorgarten. Hier vermittelten Solarpanels auf dem Dach im Zusammenspiel mit der von wildem Wein berankten Fassade einen sympathischen Eindruck. Franziska war überzeugt gewesen, dass es sich bei den Leuten dahinter um intakte Familien handelte, deren Ernährer Physiotherapeuten, Ökotrophologinnen oder IT-Spezialisten mit freundlichen Absichten waren, die hier ein bewusstes Leben führten. Zum Arbeiten pendelten sie in die nächstgrößere Stadt oder arbeiteten einen Großteil der Woche flexibel im Homeoffice. Sonntags backten sie selbst gemachte Brötchen mit einem hohen Anteil Dinkelmehl. Ihre Kinder trugen zeitlose und bodenständige deutsche Namen, zum Beispiel Max oder Frieda oder Felix.

Hin und wieder ragte im Kontrast dazu ein modernerer, eckiger Bau in die Atmosphäre, in dessen Fassade viel Glas, Sichtbeton oder beides verarbeitet worden war. Diese Grundstücke waren durch Steingabionen aus verzinktem Stahl oder blickdichte Gartenzäune aus dunklem PVC sauber vom Rest der Landschaft getrennt. Franziska dachte bei ihrem Anblick an kleine Gated Communities. Als ein tiefliegender Sportwagen aus einem der elektronisch steuerbaren Tore glitt, konnte Franziska kurz einen Blick in die Einfahrt werfen. Sie sah unterschiedliche Steinvariationen in mattglänzendem Schwarz oder Hellgrau, die sie an die Miniatur eines Friedhofs erinnerten.

Während Franziska gestern aus der Stadt hierhergefahren war, hatte sich die Landschaft im Zugfenster unerwartet schnell in etwas verwandelt, das Franziska als »ländlich« beschreiben würde. Nachdem sie etwa zwei Stunden lang ihren Kopf an das Fenster gelehnt hatte und sich musikhörend vorgekommen war wie die Hauptdarstellerin eines Coming-of-Age-Films, war Franziska an einem Bahnhof ausgestiegen, der aus einem einzigen Gleis bestand. Von dort aus war sie etwa 20 Minuten zu Fuß zu dem Haus gelaufen, in dem jetzt Mina, Benedikt und die anderen wohnten. Es lag nicht im Ortskern selbst, Franziska hatte zwei Kirchen, einen Aldi und einen angrenzenden Edeka, einen Bäcker und einige niedliche Backsteinhäuser schnell hinter sich gelassen. Stattdessen hatte Google Maps sie angewiesen, einen schmalen Weg zwischen zwei Feldern einzuschlagen, der ins Nichts zu führen schien. Franziska kam an mehreren landwirtschaftlichen Betrieben vorbei. Räder von Traktoren ruhten groß auf grobschlächtigem Asphalt. Dazwischen lagen Büschel

Heu herum, als hätte sie jemand dort hindrapiert. Über allem hing ein Geruch, den Franziska für sich als »Gülle« definierte.

Obwohl sie nur anderthalb Stunden entfernt lebte, hielt Franziska sich das erste Mal in dieser Gegend auf. Normalerweise beobachtete man Orte wie diesen in einem gedankenverlorenen Moment von der Autobahn aus und vergaß sie sofort wieder. Grün gefärbte Flächen als Hintergrund der Infrastruktur, Füllstoff für das, was bei Google Maps zwischen den Großstädten liegt.

Franziska dehnt jetzt ihre linke Seite und betrachtet in die Luft gelehnt die beiden Gebäude gegenüber. Im rechten wohnen seit Kurzem Mina und die anderen. Zwischen den Häusern liegen außer einer normal gewachsenen Eiche ungefähr 50 Meter, die Einfahrt, in der Minas Škoda steht, ein kleines Rasenstück und Bahngleise, über die einmal in der Stunde eine S-Bahn in die nächstgrößere Stadt fährt. Beide Gebäude sind in dem rotbräunlichen Klinker gehalten, den Franziska von den Fotos auf Minas Handy wiedererkennt. Die Häuser stehen da, als wollten sie auf keinen Fall auffallen. Bei ihrem Anblick kommt Franziska sich vor, als könnte ihr Leben jeden Moment vorbei sein.

Im Garten des Nachbarhauses erkennt Franziska über der hochgewachsenen Hecke die sich im Wind wiegenden Komplementärfarben tibetanischer Gebetsfahnen. Außerdem ist am Eingangstor ein Schild mit einem »Vorsicht, bissiger Hund«-Schriftzug über dem hechelnden Konterfei eines Schäferhundes angebracht. Mina hatte erzählt, dass hier ein mittelaltes Ehepaar wohnt, »eher zurückgezogen«, so hatte sie es ausgedrückt. Anders als früher benutzte Mina häufiger diplomatische Ausdrücke.

Franziska dreht sich um 180 Grad. Sie schaut jetzt auf nichts außer Feld. Die Pflanzen sind zu diesem Zeitpunkt etwa auf Hüfthöhe gewachsen. Franziska kann nicht sagen, worum es sich handelt - vielleicht Hafer? Sie nimmt sich vor, Mina danach zu fragen oder sich eine App herunterzuladen, mit der man Pflanzen bestimmen kann. Rechts führt der Weg in Richtung der Hauptstraße, die ohne größere Umschweife oder Besonderheiten nach etwa anderthalb Kilometern in den Ortskern mündet. Links gelangt man in ein kleines Waldstück, hinter dem sich ebenfalls Feld erstreckt. Franziska schaut auf ihr Handy. Unter der Nachricht an Malo befinden sich zwei kleine Haken.

Franziska atmet tief ein. Der Frühsommer ist ausnahmslos überall. Bevor sie zurück ins Haus geht, schaut sie sich noch einmal um und denkt fröhlich, wie undenkbar es für sie wäre, hier zu leben.

Als Mina ihr die Tür öffnet, trägt sie Wollsocken, Leggins und einen übergroßen Hoodie, den sie schon früher getragen hat.

VIER

»Dieser mit Rote Bete ist so geil«, sagt Mina und beißt in eine dicke Scheibe körniges Brot, die mit einem pinkfarbenen pflanzlichen Aufstrich bestrichen ist. Auf der Masse balancieren Tomate und Basilikum. Franziska hat ihr Handy über Bluetooth mit der JBL-Box verbunden und ein Online-Radio aus London angemacht, auf das sich in der Regel alle einigen können. Sie beißt ebenfalls in ihr Brot und schaut zu, wie Minas Kiefermuskulatur Wellen schlägt. Obwohl sie seit gestern hier ist, hat sie nicht das Gefühl, wirklich mit Mina gesprochen zu haben. Auf dem ovalen Küchentisch zwischen ihnen steht eine größere Ansammlung pflanzlicher Aufstriche verschiedenster Farbgebung. Einer von ihnen heißt »Bärli« und besteht zu großen Teilen aus Bärlauch. Franziska denkt, dass ein Produkt eine Person entblößt, sobald sie es kauft.

In der geräumigen Küche riecht es nach Frühstück, also nach Kaffee und ein bisschen nach Sesam, obwohl es nichts mit Sesam gibt. Die Sonne fällt durch das in vier Sektionen geteilte Fenster. Franziska schluckt.

Sie könnte sagen: »Also damals, vor einem Jahr.«

Sie könnte sagen: »Ich weiß nicht, was genau zwischen uns vorgefallen ist, aber.«

Sie könnte sagen: »Wenn du nicht mehr mit mir befreundet sein willst, dann sag es einfach.«

Mina klopft irgendwie auf den Tisch. Er habe in Benedikts ehemaliger Wohnung »viel zu wuchtig« gewirkt, sagt sie jetzt mit vollem Mund. Sie hält sich ihre linke Hand vor die Lippen und zieht die Schultern hoch, während sie schluckt. Sie tut es genau so wie früher. Franziska ist sich nicht sicher, ob sie Mina umarmen will oder schütteln. An der Wand gegenüber steht ein auffälliger Buffetschrank im Biedermeier-Stil.

»Der ist noch von meiner Tante«, sagt Mina, die Franziskas Blick folgt. »Benedikt hat ihn restauriert, frisch lackiert und alles.«

Dann erzählt Mina, wie sie das Sofa mit romantisch geschwungener Lehne transportiert haben. Lo hatte es beigesteuert. Etwas zieht sich in Franziskas Magen zusammen, als sie Los Namen hört. Sie versucht zuzuhören. Franziska findet das Sofa viel zu kitschig. Es steht vor einer unverputzten Wand. Mina beißt wieder von ihrem Brot ab. Sie sagt mit vollem Mund: »Ich finde auch die Wände einfach so schön. Mit diesem Rosastich auch.«

Franziska sagt: »Ja, voll.«

Ein dünn geschnittenes Stück Tomate fällt neben Minas Teller auf das dunkle Holz. Franziska lehnt sich zurück und legt ihren Kopf in den Nacken. Sie haben die Wand herausgenommen, die die Küche vom angrenzenden Wohnesszimmer trennte, damit der Raum »luftiger« ist. Franziska muss zugeben, dass die Küche luftig wirkt. Die Decken sind höher, als es auf den Fotos aussah, und die Morgensonne fällt ästhetisch auf die nackten Wände mit Rosastich. Franziska ist sich sicher, dass in dieser Küche lang und ausschweifend über die problematischen Positionen der Europäischen Union diskutiert wird. Sie lässt ihren Blick über Kopf durch den Raum schweifen. An vielen Stellen stehen, wie überall im Haus, gepflegte Topfpflanzen.

»Woher habt ihr die ganzen Pflanzen?«, fragt Franziska und bringt ihren Kopf zurück in die erlernte Position. Ihr ist etwas schwindelig.

»Die meisten hat Lo mitgebracht.«

Franziska sagt so desinteressiert wie möglich: »Ah.«

Mina sagt: »Und ich habe allen einen Ableger meiner Monstera geschenkt, zum Einzug. Weißt du, von der großen.«

Franziska sagt: »Ach, krass.«

Franziska gießt einen Schluck Hafermilch in ihren Kaffee. Auf der Verpackung steht: »Hafer ist einfach einzigartig.«

Dann holt Franziska relativ viel Luft und sagt: »Mina.«

In diesem Moment betreten Aldin und Benedikt die Küche. Beide scheinen gut gelaunt zu sein. Franziska denkt, dass das Lachen von heterosexuellen linken Männern immer ähnlich hell und unterwürfig klingt.

Aldin sagt euphorisch »Guten Morgen« und zieht das letzte »e« etwas in die Länge, ohne es zu übertreiben. Dabei lächelt er Franziska an. Franziska findet sein Lächeln offen und groß. Er ist frisch geduscht, seine Nase glänzt. Benedikt setzt sich neben Mina und legt eine Hand auf das Knie ihres angewinkelten Beines. Das hat er früher nie gemacht.

Vielleicht liegt es an der Euphorie des neuen Ortes, vielleicht an der Energie, die durch gemeinschaftliches Handwerken, die Touren zum Baumarkt oder die Renovierungen am Haus freigesetzt wurde - was immer es ist, Franziska kann es nicht anders sagen: Innerhalb der Gruppe herrscht eine gute Dynamik. Wahrscheinlich liegt es daran, dass sie zusammen ein Projekt verwirklichen, denkt Franziska. Wenn man zusammen ein Projekt verwirklicht, dann gibt das allen ein gutes Gefühl.

Franziska denkt: Hippies.

Aldin hat breite, gebräunte Daumen, die Franziska bisher nicht aufgefallen sind. Er hat sich ein Müsli gemacht und setzt sich neben Franziska. Während er das Müsli löffelt, streift Aldins blauer Kapuzenpullover Franziskas Oberarm. Franziska ist gerade zu dem Schluss gekommen, dass dieses Frühstück bestenfalls den ganzen Tag dauern sollte, als die Tür aufgeht und Lo die gesamte Aufmerksamkeit auf sich zieht.

Sie sagt »Oh, hey!« in Franziskas Richtung und stellt ein paar oberflächliche Fragen zur Fahrt, die Franziska oberflächlich beantwortet.

Während sie sich eine Schüssel aus einem Oberschrank nimmt, beginnt auch Lo, irgendwie über die Küche zu reden.

»Also ich wollte ja von vornherein durchsetzen, dass wir die Wand rausnehmen. Es ist viel freier dadurch, ansonsten fühlt man sich wie in so einem kleinbürgerlichen Reihenhaus oder so.«

Los Stimme hat eine sonore und immer leicht spöttische Farbe. Franziska kann nicht sagen, ob Lo es ernst meint, wenn sie solche Dinge sagt, oder ob sie sich einfach ein bisschen über alles lustig machen will. Es ist keine Ironie, auch Lo weiß, dass Ironie längst nichts mehr wert ist. Vermutlich meint sie es ernst, aber will durch ihre Art vermeiden, dass es zu ernst klingt. Es ist schwer zu durchschauen. Mina lacht und selbst Benedikt schmunzelt.

Dann sagt Aldin überraschend trocken: »Ich finde Reihenhäuser irgendwie gemütlich.«

Es klingt nicht böse, aber Los Blick rutscht für einen kaum wahrnehmbaren Augenblick ins Irritierte. Sie fängt sich sofort, zuckt mit den Schultern und sagt:

»Das ist doch cool, Aldin.«

Dann schneidet sie Obst in ihr Porridge. Schnelle, feine Apfelstücke.

FÜNF

Der offizielle Beginn der Party ist um 18 Uhr. Sie haben ein Buffet in der Küche geplant, außerdem soll es eine Tanzfläche im Garten geben. Es sind etwa 50 Leute eingeladen, »60 kommen höchstens«, sagt Mina.

Im hinteren Teil des Gartens können die Übernachtungsgäste campen. Während der Vorbereitungen ist die Stimmung gut, alle sind ein wenig albern. Benedikt und Mina bauen das Equipment für die DJs auf. Benedikt trägt große Boxen herum und Mina rollt ein paar Kabel aus.

Franziska geht in die Küche. Aldin und Lo stehen an der Arbeitsfläche. Aldin schneidet Gemüse und Lo knetet mit beiden Händen Teig fürs Stockbrot, als würde vom Gelingen des Teigs ihr Leben abhängen. Franziska fühlt sich insgesamt unwohl.

»Hi«, sagt Franziska.

Aldin sagt: »Hey!«, so als hätten sie sich lange nicht gesehen.

Franziska sagt: »Mina meint, ich soll Hummus machen.«

Franziska beginnt, die Konservendosen mit Kichererbsen in den Oberschränken zu suchen. Sie findet die Kichererbsen nicht.

»An was schreibst du eigentlich gerade?«, fragt Lo. Die Frage klingt zu beiläufig.

»Äh«, sagt Franziska.

»Es ist ein Roman. So coming-of-age-mäßig, glaube ich.«

»Ah«, sagt Lo.

Franziska findet die Reaktion unangebracht.

Dann sagt sie: »Ich habe vorgestern meine Lektorin getroffen. Sie findet es sehr gut bisher.«

Lo sagt: »Hä, mega.«

Dann seufzt sie. »Ich komme gerade gar nicht weiter mit meinem Gedichtband.«

Franziska denkt, dass sie noch weniger als über ihr eigenes Schreiben über Los Gedichte sprechen will. Franziska überlegt. Ihr fällt auf, dass man keine beiläufige Frage zu Gedichten stellen kann.

Zum Glück sagt Aldin in diesem Moment: »Ich fand das eine voll gut, was du letztens vorgelesen hast. Das mit den Gedanken.«

Lo lacht etwas zu laut auf, sie ist offensichtlich geschmeichelt.

»Haha, ja, das.«

Franziska denkt, dass Gespräche immer mehr wie Chats klingen. Sie konzentriert sich wieder auf die Suche nach den Kichererbsen. Franziska kniet sich vor ein Regal unterhalb der Arbeitsfläche und sieht nur die Hinterseite von Los Oberschenkel, weil sie in diesem Moment einen Schritt zur Seite macht und ihr Bein sich vor das Regal schiebt. Franziska verharrt für einen kurzen Moment in ihrer knienden Position. Los Oberschenkel ist straff und muskulös. Man sieht ihm an, dass sie regelmäßig Sport treibt.

Dann sagt Franziska: »Äh.«

Als nichts passiert, sagt sie nochmal: »Äh, Lo?«

Es dauert einen Moment zu lang, bis Lo sagt: »Oh, sorry!«, und einen Schritt zur Seite geht.

Mehmet kommt gegen 16 Uhr an. Wie immer fühlt Franziska sich sofort aufgehoben und sicherer, als sie ihn sieht. Während er im Kühlschrank einen Ort für seine mitgebrachten Getränke sucht, sagt er: »Hier ist ja wirklich gar nichts, oder? Krass. Komplett tote Gegend.«

»Ja, voll geil, oder?«

Minas Stimme kommt von hinter der offenen Kühlschranktür, sie haben sie nicht bemerkt. Sie steht an der Arbeitsfläche und schneidet in gleichbleibendem Rhythmus Gemüse. Mina dreht sich nicht um.

Damit die Situation nicht zu unangenehm wird, lacht Franziska irgendwie auf. Mehmet sagt: »Oh, hey, Mina!«

Mina sagt: »Hi, Mehmet«, und verlässt dann die Küche. Franziskas Rücken wird heiß. Mehmet schaut sie an und zuckt entschuldigend mit den Schultern.

Mehmet und Franziska hängen im Garten Lichterketten auf, matt leuchtende Glühbirnen an einem dicken Kabel. Dabei trinken sie Crémant. Mehmet filmt die Aktion für seine Insta-Story. Es ist jetzt fast 18 Uhr. Der Rasen ist größtenteils vertrocknet. Franziska hockt sich barfuß auf eine braune Stelle. Sie denkt: Das meiste tut man nur, um später eine Erinnerung zu haben. Sie schaut sich hockend um. In diesem Moment kommt Lo in den Garten. Sie trägt ein geblümtes Kleid, es sitzt perfekt. Franziska betrachtet das Muster aus verschiedenfarbigen Blumen und denkt darüber nach, wie anstrengend es ist, dass dauernd irgendeine emotionale Verbindung zwischen Frauen vermutet wird. Eigentlich wurde von einer Frau erwartet, eine andere Frau entweder solidarisch zu lieben oder sofort eine Konkurrenz zu ihr aufzubauen. Franziska zupft irgendwie am vertrockneten Rasen und denkt, dass ihr die meisten Frauen wahlweise so egal oder so wichtig sind wie Männer. Als Mina Lo bemerkt, ruft sie ihr von Weitem zu: »Wow, hot!«

Franziska ist sich sicher, dass nur ihr auffällt, dass Mina ihr Ausruf kurz darauf peinlich ist, weil Lo nicht darauf eingeht, und Mina keine Person ist, die besonders laute Komplimente macht, auf die nicht angemessen eingegangen wird.

Aldin bereitet am anderen Ende des Gartens ein Feuer vor. Er stapelt Holzscheite und dünne Stöcke so auf, dass ein kleines Tipi entsteht. Dann steht er vor der Feuerstelle und stemmt die Hände in die Hüften. Die Sonne steht tief und verschwindet manchmal hinter seiner Silhouette. Franziska beobachtet Aldin und zieht hockend ihren Beckenboden zusammen.

Franziska denkt: Ich bin so heterosexuell.

Sie steht auf und geht zu ihm hinüber. Er schaut sie von der Seite an. Jetzt muss sie irgendetwas sagen. Franziska überlegt, welche Worte in die Situation passen könnten.

Franziska sagt: »Das brennt später sicher schön!«

Aldin grinst sie etwas verunsichert an, als wäre er sich nicht sicher, ob Franziska einen Scherz gemacht hat. Franziska ist froh, dass in diesem Moment die ersten Gäste klingeln.

SECHS

Zwei Gläser Crémant später ist Franziska auf die angenehmste aller Weisen angetrunken. Es dämmert jetzt. Auf dem Grundstück halten sich knapp 80 Leute auf, die meisten stehen im Garten oder in der Küche, halten Getränke und reden. Es sind mehr geworden, als Mina gedacht hatte, so, wie es meistens war.

Die Lichterketten geben dem sprechenden, klirrenden Szenario etwas Unschuldiges. Eine DJ legt zurückgenommene Musik auf, zwischendurch lacht jemand laut auf. Alles verwebt sich zu einer akustischen Decke über dem Garten, in dem es nach nackten Schultern, Gülle und trockenem Gras duftet. Franziska schätzt, dass sie etwa 20 der anwesenden Gäste kennt oder zumindest schon mal gesehen hat. Ein paar Meter entfernt redet Mina mit drei Frauen, von denen Franziska nur Anna bekannt vorkommt. Sie hatte sie zuletzt auf ihrer Silvesterparty gesehen, auf der sie zusammen mit Cyril war, vor etwas mehr als einem halben Jahr.

Franziska dreht sich eine Zigarette und hört dem Gespräch der Gruppe zu. Eine kleine Frau mit Kurzhaarfrisur sagt gerade: »Ich finde es eben einfach extrem schade, dass dort anscheinend kein Frieden möglich ist, auch wegen der Siedlungspolitik.«

Mina antwortet: »Naja, es ist schon krass, dass man in Deutschland aus bestimmten Gründen die israelische Regierung nicht kritisieren darf, find ich. Dabei werden da ja Kinderkrankenhäuser bombardiert.«

Eine größere, platinblonde Frau, die Franziska nicht kennt, sagt darauf: »Auf jeden Fall.«

Es herrscht für einige Momente Stille, bis die kleine Frau mit Kurzhaarfrisur sich ein wenig umschaut und dann das Thema wechselt.

»Es ist ehrlich einfach so schön hier.«

»Oh, danke!«, sagt Mina, offensichtlich erleichtert über den Themenwechsel. Franziska findet, dass es überhaupt nicht nach Mina klingt, wie Mina erleichtert »Oh, danke!« sagt.

Franziska hört Mina sagen: »Ja, es war uns irgendwie zu viel. Die Miete und der Lärm und die vielen Leute. Wir haben schon länger darüber nachgedacht und dann kam die Möglichkeit mit dem Haus und wir dachten so: Why not.«

Franziska überlegt, ob es Mina auffällt, dass sie im Plural von sich und Benedikt redet und Halbsätze sagt wie »Why not«.

Die platinblonde Frau bestätigt: »Ja, total. So viele reden davon, aufs Land zu ziehen, und machen es dann irgendwie doch nicht. Ihr habt es halt einfach gemacht!«

Franziska macht zwei Schritte und stellt sich zu der Gruppe. Kurz sagt niemand etwas. Franziska lächelt irgendwie.

Es wird unangenehm ruhig. Dann sagt Mina: »Das ist Franziska, eine langjährige Freundin. Das sind Madeleine und Jette, Anna kennst du ja.«

Franziska denkt: Eine langjährige Freundin.

Madeleine und Jette sagen: »Hi!«

Die kleine Frau namens Madeleine lächelt jetzt auch und mustert Franziska dabei von oben bis unten. Wieder sagt niemand etwas. Franziska bemerkt, dass Minas Getränk sehr farbig aussieht. Sie will gerade nachfragen, was sie trinkt, als Anna sich ihr zuwendet.

»Wir haben uns ja auch ewig nicht gesehen. Bist du noch mit dem Franzosen, hier, wie hieß er nochmal?« Ihre Stimme ist immer noch sehr laut.

Franziska sagt: »Cyril.« Sie bemerkt, dass Mina woanders hinschaut.

Die platinblonde Frau, die Mina als Jette vorgestellt hat, trägt eine Schlaghose aus glänzendem Leder und schwarze Plateauschuhe. Ihr Crop-Top gibt die Sicht auf ihr Bauchnabelpiercing frei. Sie sieht insgesamt genderfluid aus.

Franziska sagt: »Wir sind nicht mehr zusammen.«

Das Gespräch bricht erneut. Franziska fixiert Jettes Bauchnabelpiercing. Die andere, kleinere Frau zündet sich eine Zigarette an und pustet den Rauch schnell und teilnahmslos in die Luft.

Franziska atmet ein und wieder aus, um Mut zu entwickeln.

»Aber es ist cool, also, es war die richtige Entscheidung.«

Anna ruft: »Ah, okay.«

Die kleinere Frau mit Kurzhaarfrisur sagt: »Ich glaube, Lo liest gleich. Ich gehe mal rein.«

Als wäre das ein Kommando, laufen ihr Anna und die

Frau in der Lederhose hinterher. Mina schaut Franziska an.

Sag etwas, denkt Franziska.

Dann sagt Mina: »Ich schaue mal nach der DJ.« Sie berührt Franziska kurz am Oberarm. Dann läuft sie in den anderen Teil des Gartens.

SIEBEN

Franziska und Mina hatten sich schon ein paarmal von Weitem gesehen, bevor sie das erste Mal miteinander sprachen. Franziska wohnte zu dieser Zeit in einem Ein-Zimmer-Appartement mit Pantry-Küche in einem Außenbezirk der Stadt. Von ihrem Fenster aus konnte sie einen Bahnhof beobachten, der auf der gegenüberliegenden Straßenseite lag.

Rückblickend würde Franziska das erste Semester in der neuen Stadt als die einsamste Zeit ihres bisherigen Lebens beschreiben. Sie kannte kaum jemanden und fühlte sich an der Uni wie ein Fremdkörper. Während der Seminare beteiligte sie sich nie und saß stumm in der letzten Reihe. Wenn der seltene Fall eintrat, dass sie etwas sagen musste, zitterte ihre Stimme. Alle um sie herum hatten gerade Zähne und lederne Umhängetaschen. Franziska war erstaunt darüber, wie gleich alle aussahen und wie ähnlich die Vornamen klangen, die sie auf den zu Beginn der Seminare herumgereichten Teilnehmerlisten las. Wenn die Namen laute Sätze sagten, klangen sie immer ein wenig herablassend und meistens ironisch. Die anderen Erstsemester schienen das System von vornherein besser verstanden zu haben und wirkten überhaupt nicht deplatziert in den durch flackernde Neonröhren ausgeleuchteten Seminarräumen. Es geschah ganz natürlich, dass sie ihre Arme über die Stuhllehnen legten, um sich mit der Person, die hinter ihnen saß, über ihren Stundenplan zu unterhalten und dabei die Augen zu verdrehen.

Zwei Mal in der Stunde fuhren Güterzüge durch den Bahnhof gegenüber ihrer Wohnung. Dann vibrierten die Fensterscheiben und es wurde kurz so laut, dass Franziska ihre Mutter nicht mehr verstand, wenn sie gerade miteinander telefonierten. Manchmal rutschte ein Bilderrahmen, den sie notdürftig an einen Nagel gehängt hatte, langsam an ihm herunter. Einmal fiel er zu Boden. Der Sprung zog sich diagonal durchs Glas. Franziska ging danach dazu über, aufzuspringen und das Bild festzuhalten, sobald das entfernte Rattern einen containerbeladenen Zug ankündigte. Wenn sie die Wohnung verließ, stellte sie es auf den Boden. Franziska weiß nicht mehr, was auf dem Bild abgebildet gewesen war.

An einem Samstag Ende des ersten Semesters überwand sich Franziska und ging auf eine Semesterabschlussparty der philosophischen Fakultät. Die Kneipe roch süßlich und nach abgewetzten Lederbezügen, das Licht dämmerte dunkelorange in den länglichen Raum voller holzvertäfelter Wände. In einer Sitzecke im hinteren Teil erkannte Franziska die Leute, die sie sonst in den Seminarräumen sah. Es waren auch ein paar ältere Semester mit karierten Hemden oder erwachsen wirkenden Schuhen da, das war vermutlich die Fachschaft. Die Dynamik und Hierarchien innerhalb der Gruppe wurden binnen weniger Augenblicke klar. Die älteren Studierenden (bis auf eine Ausnahme Männer) erzählten etwas, die jüngeren (überwiegend Frauen) lachten darüber, bestätigten sich in ihrem Lachen und zupften an ihren Oberteilen. Franziska wollte sofort wieder gehen. Franziska dachte: Nein. Sie zählte bis drei und öffnete ihre Winterjacke. Dann ging sie zur Theke und bestellte ein Bier. Sie lehnte sich mit dem oberen Rücken an die braun geflieste Bar und trank einen Schluck aus dem seltsam dünnen Glas. Franziska fühlte sich unbeholfen und schwitzte unter den Armen. Die Musik, die aus den Boxen drang, war Rock-Pop, den Franziska mit 13 gehört hatte. Zwischendurch lachte die Gruppe am Ecktisch laut auf. Niemand beachtete Franziska. Sie würde das Bier austrinken und wieder gehen, dann hätte sie es immerhin versucht. In diesem Moment betrat eine kleine Frau den Raum. Es war Franziska unangenehm, aber sie konnte nicht anders, als bei ihrem Anblick an den Begriff »Mädchen« zu denken: Sie war klein und zierlich und hatte runde Augen in einem ebenfalls runden Gesicht, dem jeder markante Zug fehlte. Sie war Franziska schon ein paarmal aufgefallen, weil sie wie Franziska immer allein im Innenhof der Universität stand und rauchte. Die Frau zog ihren knielangen Mantel aus und streifte ihre Mütze ab. Sie legte beides auf den Jackenberg, der sich über die Garderobe stülpte. Unter dem Mantel trug sie ein hellblaues Oberteil mit rundem Ausschnitt, Röhrenjeans und flache Turnschuhe. Im Gegensatz zu Franziska war ihre Körpersprache nicht unsicher, sie wirkte gelassen, fast ein bisschen gelangweilt.

Die Frau warf einen Blick in den Raum, er blieb kurz an

der Gruppe in der Sitzecke hängen. Zu Franziskas Überraschung kam sie dann auch zur Bar und beugte sich über den Tresen, um etwas zu bestellen. Sie stellte sich dafür mit einem Bein auf die Verstrebung eines Barhockers. Ihr Bewegungsablauf wirkte so routiniert, als würde sie mehrmals täglich an dieser Bar Bier bestellen. Franziska beobachtete sie möglichst unauffällig. Im Profil war ihr Gesicht nur noch klein und gar nicht mehr rund. An der Wange bemerkte Franziska ein kleines, aber ausgeprägtes Muttermal, das sich beim Sprechen mitbewegte. Als sie ihren Kopf in Franziskas Richtung wendete, schaute Franziska schnell wieder geradeaus. Das Nächste, was sich in ihr Gesichtsfeld schob, waren blonde Korkenzieherlocken um runde grüngraue Augen.

»Hi, ich bin Mina«, sagte Mina und hielt Franziska ihre Hand hin. Sie war am Tresen zu ihr herübergekommen und sprach sie frontal an.

»Hi«, sagte Franziska und schüttelte ihre Hand. Es kam ihr wie jedes Händeschütteln unnötig steif vor, obwohl Minas Hand angenehm warm und trocken war.

Sie tauschten die üblichen Sätze aus. Mina war wie Franziska im ersten Semester und studierte Philosophie.

»Wie ist das so bisher?«, fragte Franziska.

»Naja«, sagte Mina. »Alte Männer sprechen über die Texte toter Männer und ich schreibe mit.«

Franziska hatte diesen Satz damals unglaublich cool gefunden.

Dann schwieg Mina und lehnte ihren Kopf in den Nacken. Franziska wusste nicht, ob Mina das einfach so tat oder ob sie etwas an der hölzernen Decke der Kneipe sah.

Franziska schaute ebenfalls an die Decke. Die Decke sah normal aus.

Dann sagte Mina: »Ich fühle mich hier wie in einer Verbindung oder sowas. Sollen wir vielleicht woanders hingehen?«

ACHT

Franziska steht am Buffet und fühlt sich betrunken. Die Party um sie herum ist in vollem Gange. Mehmet sitzt mit übergeschlagenen Beinen auf dem smaragdgrünen Sofa und unterhält sich angeregt mit einem Pärchen, das Franziska nicht kennt. Sie hört aus der Ferne Fetzen des Gesprächs mit, das sich um die Frage zu drehen scheint, ob man heutzutage noch Kinder kriegen sollte. Es fallen Begriffe wie »Umweltsünde«, »unsere Welt« und »China«. Währenddessen fällt ihr auf, dass vom Essen auf dem Tapeziertisch kaum etwas übrig ist.

Dann stellt sich Benedikt neben sie und schaut etwas zu lang auf die Schüsseln, in denen Dip-Reste vertrocknen. Er sagt nichts. Franziska meint aus dem Augenwinkel zu erkennen, dass sein Oberkörper hin und her schwankt, aber vielleicht täuscht sie sich. Benedikt nimmt sich ein Stück Möhre, aus dem alle Farbe gewichen ist, und grinst Franziska kauend an. Franziska grinst zurück. Ihr Blick rotiert ein bisschen. Sie denkt, dass sie eigentlich keine Ahnung hat, wer diese Person ist. Sie kennt Benedikt nur als Schulfreund von Mehmet und dann als Minas festen Freund. Ihre Beziehung basiert darauf, dass sie beschlossen haben, sich okay zu finden. Wenn sie sich sehen, lächeln sie sich zu, um sich dieser Tatsache zu versichern, so wie in diesem

Moment. Franziska überlegt, ob sie etwas zu Benedikt sagen soll. Sie schaut auf sein kauendes Kinn. Sie sagt nichts.

Dann hört sie Benedikts Stimme: »Hast du den Hummus gemacht?«

»Ja.«

»Lecker.«

Dann geht Benedikt woanders hin. Franziska denkt, dass sie dringend etwas zu sich nehmen sollte.

Während Franziska damit beschäftigt ist, sich die letzten Reste der Dips auf ein Endstück Baguette zu schmieren, wird es in ihrem Rücken ruhig. Als Nächstes klingt Los andächtige Stimme durch ein Mikrofon.

Sie sagt: »Es freut uns so, dass ihr alle da seid!«

Das Mikro fiept.

Dann ruft jemand: »Whuuuu!«

Franziska dreht sich in den Raum. Das Wohnesszimmer ist jetzt voll. Die Leute sitzen in Schneidersitzen auf dem Boden. Franziska findet es lächerlich, dass Lo in ein Mikro spricht, man würde sie auch so verstehen. Das Mikro fiept nochmal. Ein paar Leute lachen wohlwollend. Am anderen Ende des Raumes steht Mina neben Benedikt und schaut Lo gespannt zu, wie eine stolze Mutter. Franziska schreibt an Malo: »kennst du das wenn du eine person nicht magst aber damit so alleine bist dass du selbst dran zweifelst«, und schickt die sich in einem ruhigen Halbkreis drehenden Buchstaben ab.

Lo sagt jetzt etwas zum Umzug und zum Haus und zu der Party und bedankt sich nochmal dafür, dass alle gekommen sind. Man hört ihrer Stimme an, dass sie die Aufmerksamkeit genießt. Ein Mann auf dem Boden, den

Franziska nicht kennt, ruft irgendetwas Studentisches in den Raum. Seine Stimme näselt unangenehm. Vereinzelt lachen ein paar Leute.

Franziska sagt laut: »HA HA HA.«

Die Frau, die neben dem Mann auf dem Boden sitzt, dreht sich zu ihr um und schaut sie mit Unverständnis und Verärgerung an.

Franziska sucht Mehmets Blick am Ende des Raumes. Sie findet ihn nicht, weil Mehmets Gesicht ebenfalls in Los Richtung gewandt ist.

Lo sagt jetzt: »Zur Feier des Tages«, sie sagt es nicht ganz ernst, »würde ich euch gerne zwei Gedichte von mir vorstellen.«

Franziska nimmt ihr Handy und scrollt durch Los nachdenkliche Bildunterschriften unter ihren Selfies auf Instagram, die alle mit einem Filter bearbeitet worden sind, der die Bilder wirken lässt, als wären sie mit einer analogen Kamera geschossen worden. Es gab sogar jeweils ein Datum am rechten Bildrand. Das letzte war vom 30.05.2019, also zwei Tage alt.

Die platinblonde Frau ruft: »Jaa, Loooo!«

Sie zieht die Vokale unangenehm in die Länge.

Franziska steckt ihr Handy ein und beißt in das harte, mit dreierlei Dips bestrichene Endstück Baguette. Sie fixiert die Krümel, die auf ihr Shirt und auf die Holzdielen fallen. Sie haben die Dielen abgeschliffen.

Lo sagt: »Das Gedicht heißt *Normal.*«

Sie setzt kurz ab. Franziska denkt, dass sie an Literatur eigentlich alles hasst außer dem Text selbst.

Ich träum davon
Normal zu sein
Sagst du mit leiser Stimme

Ich träum davon
Bei dir zu sein
In jedem deiner Sinne

Du sagst nochmal
Ich wär so gern
Normal ohne zu schwanken

Doch was dich schön macht
Unnormal
Sind all deine Gedanken

Franziska spürt, wie sich etwas in ihrem Hals verengt. Dann hustet sie laut. Sie muss nochmal husten. Ein paar Leute drehen sich zu ihr um. Franziska spürt, wie ihr Tränen in die Augen schießen. Etwas kitzelt in ihrem Rachen, weit hinten. Franziska hustet nochmal. Sie zieht entschuldigend die Schultern in die Höhe. Lo tut so, als würde sie nichts mitbekommen. Als Franziska wieder einen Reiz im Hals spürt, flieht sie durch die Eingangstür in den Vorgarten. Franziska würgt eine Weile. Irgendwann spürt sie ein kleines, aufgeweichtes Stück Baguette in ihrem Mund und übergibt sich im nächsten Schritt in eine Hecke. Danach geht es Franziska insgesamt besser. Sie setzt sich mit angezogenen Knien in die Einfahrt. Sie fröstelt.

Das Feld gegenüber ist ein Meer aus schwarz gezackten Umrissen. Franziska möchte in das Meer hineinlaufen. Franziska denkt daran, dass sie als Kind immer in einem Feld hatte leben wollen, auf einer kleinen, geheimen Stelle zwischen hochgewachsenem, dichtem Getreide, um sich nur von diesem Getreide zu ernähren.

Franziska denkt: In einem Film würde jetzt jemand kommen und fragen, wie es mir geht.

Franziska ist froh, dass niemand kommt. Sie schaut auf ihr Handy. Ihr wird eine neue Nachricht von Johanna angezeigt. Es geht darum, dass Johanna Franziska dabei helfen möchte, ein ETF-Depot einzurichten. Franziska lässt die Nachricht auf »gelesen« und fragt sich kurz, warum ihre Schwester an einem Samstagabend im Würzburger Frühsommer nichts Besseres zu tun hat, als ihr eine pragmatische Nachricht über ETFs zu schicken. Gleichzeitig ist sie ein wenig gerührt über Johannas Engagement, weil sie weiß, dass das Johannas Art ist, ihre Zuneigung auszudrücken. Franziska fühlt sich etwas weniger einsam als zuvor. Sie denkt daran, wie gut es ist, Geschwister zu haben. Dann steckt sie ihr Handy wieder ein und steht auf.

Franziska geht um Minas Škoda herum, zurück in den Garten. Hier ist es ruhig. Die wenigen Leute, die sich Los Lesung nicht anhören, unterhalten sich leiser als zuvor. Ein paar Solarleuchten am Boden strahlen kühles Licht aus Mücken in die Nacht. Franziska denkt: Sie haben Solarleuchten. Der Himmel ist mit so vielen Sternen übersät, dass es unnatürlich wirkt.

Im hinteren Teil des Gartens brennt das Lagerfeuer.

Kleine glühende Punkte zischen in die schwarze Luft, als würden sie magnetisch angezogen. Franziska setzt sich an das Feuer und schaut in die Flammen. Die Wärme dringt bis in ihre Augenhöhlen. Franziska dreht sich eine Zigarette. Sie ist plötzlich sehr müde. Als sie die Zigarette anzündet, sieht sie eine Silhouette durch den Garten auf das Lagerfeuer zusteuern. Aldin setzt sich neben sie.

»Hat dir das Gedicht nicht gefallen?«

Er nimmt einen Schluck Bier.

»Doch, ich fand es okay.«

Aldin lacht.

Er sagt: »Okay.«

»Ich musste nur so husten. Ich hatte etwas im Hals.«

Aldin sagt: »Ja.«

Sie schauen eine Weile in die Flammen. Franziska denkt, dass gleich ihre Wimpern anfangen zu brennen oder ihre Augenbrauen. Sie versucht, sich vorzustellen, wie sie ohne Wimpern aussehen würde. Franziska lehnt sich etwas zurück. Aldin sitzt nah neben ihr, ihre Arme streifen sich bei entsprechenden Bewegungen.

Franziska sagt: »Manchmal berühren mich Gedichte, aber sie erzeugen genau das Gegenteil, wenn sie laut vorgelesen werden.«

Aldin beugt sich vor und stochert irgendwie mit einem Stock im Feuer. »Verstehe.«

Franziska zählt die Funken. Die Gesprächsgruppen im Garten senden unaufgeregte Satzfetzen in die Sommernacht. Franziska beobachtet Aldin von der Seite.

Franziska denkt: Dreh dein Gesicht. Sie denkt es wirklich genau so.

Franziska sagt: »Wie wäre es, wenn wir uns küssen?«

Aldin wendet sich in ihre Richtung, sein orange flackerndes Gesicht sieht überrascht und erfreut aus. Das Feuer knackt laut, als würde es das zur allgemeinen Bestätigung tun.

Aldins Mund schmeckt gut, nach Lakritz und Nudelstärke. Er berührt Franziskas Gesicht vorsichtig mit seiner rechten Hand. Als sie sich voneinander lösen, ist Franziska schwindelig. Aldin legt seinen Arm um ihre Schultern. Es passiert nicht unbeholfen. Franziska fällt plötzlich wieder ein, dass sie sich wenige Minuten zuvor übergeben hat.

In diesem Moment strömen mehrere Leute aus dem Wohnzimmer auf die Terrasse und in den Garten. Nach kurzer Verzögerung geht auch die Musik weiter und gibt der Situation ihre Berechtigung. Die DJ spielt jetzt etwas Schnelleres und Forderndes.

Aldins Arm um Franziskas Schultern fühlt sich unter seinem Kapuzenpullover sehnig an.

Er sagt: »Wir könnten vielleicht tanzen.«

NEUN

Sie hatten eher unverbindlich ausgemacht, mal miteinander tanzen zu gehen. Als Cyril, Malo und Franziska nach ihrem Kinobesuch die Bar verlassen hatten und zu Fuß zurück nach Hause gingen, unterhielten Cyril und Malo sich über eine DJ aus Düsseldorf. Malo war erwartungsgemäß überrascht gewesen, dass Franziska die Künstlerin ebenfalls gut kannte und eine Meinung zu ihr gehabt hatte. Franziska hatte vor einiger Zeit damit aufgehört, zu bestimmten maskulinen Verhaltensweisen oder genderspezifischen Rollenerwartungen Emotionen zu entwickeln. Sie war eine weiße deutsche Frau, die von ihren Eltern geliebt wurde, und war damit viel zu gut weggekommen, um ihre eigene Identität zu politisieren. Außerdem kostete es sie zu viel Energie.

Etwa zwei Wochen später schrieb Malo ihr an einem Freitagnachmittag, ob sie Lust hätte, in die *Rotonde Stalingrad* zu gehen. Die DJ aus Düsseldorf, über die sie geredet hatten, legte dort am heutigen Abend auf. Es war ein Club unweit des Canal Saint-Martin, den Franziska mochte. Sie sagte zu. Cyril war an diesem Wochenende auf einer Fortbildung in Lyon, er hatte ihr schon drei Selfies seines absichtlich gelangweilt aussehenden Gesichts geschickt. Franziska wusste, dass er sich nicht wirklich langweilte.

Sie fand, dass Cyril auf den gestellten Bildern attraktiver aussah als sonst.

Es war ein Frühlingsabend und während Franziska sich rudimentäres Make-up auftupfte, trank sie ein Glas Weißwein. Als sie ihre Lippen auf ein Stück Toilettenpapier presste und danach in den Spiegel schaute, dachte sie für einen kurzen Moment daran, dass sie sich als Kind immer vorzustellen versucht hatte, wie sie als erwachsene Frau aussehen würde, und dass sie es jetzt wohl wusste. Dann warf sie das Stück Papier mit ihrem hellroten Mundabdruck in die Toilette und verließ das Appartement.

Franziska hatte schon den ganzen Tag einen Satz im Kopf, den sie in einem deutschen Film aufgeschnappt hatte, den sie zum Abendessen hatte laufen lassen. Sie hatte nicht auf die Handlung geachtet, aber deutsche Produktionen im öffentlich-rechtlichen Fernsehen übten auf Franziska eine spezielle, beruhigende Wirkung aus, die sie vor der Verabredung mit Malo brauchte. Der Film war in Namibia gedreht worden. Ein deutscher Tourist hatte zu einem Einheimischen gesagt: »Gibt es die Chance, irgendwo hier in der Gegend Nashörner zu sehen?«

Während sie durch das sich beruhigende Treiben des Marktes in Richtung Metro lief, dachte Franziska den Satz immer wieder und versuchte, sich die Person vorzustellen, die ihn in das Drehbuch geschrieben hatte. Als sie an einem der Stoffläden in ihrer Straße vorbeiging, fiel Franziska eine weiße Schaufensterpuppe auf, die vor dem Laden stand und eine farbenfrohe Tracht in afrikanischem Muster trug. Der Gemüsehandel an der Ecke hatte schon geschlossen.

Als der Satz in ihrem Kopf längst jede Bedeutung verloren hatte und Franziska vor der verabredeten Bar auf Malo wartete, musste sie sich eingestehen, dass sie nervös war. Im Gegensatz zu Cyril hatte Malo eine Ausstrahlung, die sie nicht einschätzen konnte. Als sie ihn auf sich zukommen sah, dachte sie, dass seine Körpersprache gleichzeitig nahbar und selbstbewusst war. Seine Mundwinkel zogen sich nach oben, als er näher kam.

Sie tranken Bier in einer Bar in der Nähe von *Jaurès,* die nicht direkt an der befahrenen Hauptstraße lag. Die Sonne ging langsam unter und wurde durch die Streben der Metroüberführungen in ein Karomuster geteilt. Ein paar telefonierende Menschen gingen vorbei und hatten ein Baguette unter den Arm geklemmt. Franziska dachte, dass die Ausstrahlung von Franzosen aus deutscher Sicht fälschlicherweise als arrogant wahrgenommen wurde. Das Gegenteil war der Fall. Deutsche waren einfach neidisch darauf, dass sich Franzosen nicht permanent und steif um ihre Außenwirkung sorgen mussten.

Sie saßen an einem kleinen runden Tisch auf Stühlen, die zur Straße hin ausgerichtet waren, so wie in den meisten Cafés und Bars der Stadt. Franziska fand das angenehm, so musste man beim Sprechen nicht dauernd versuchen, sich in verhältnismäßiger Häufigkeit in die Augen zu schauen. Da Malo direkt von einem Drehprojekt kam, hatten sie für den Beginn genug Gesprächsstoff. Während Malo redete, betrachtete Franziska die gegenüberliegende Fassade und fand es kurz unglaublich, dass ein wetterfester Gebrauchsgegenstand wie ein Haus so filigran und schön sein konnte. Nach dem zweiten Bier fragte Malo danach, wie sie und Cyril sich kennengelernt hatten. Franziska erzählte von der Party im Gewölbe der Kirche.

Malo sagte: »Ich war mit Cyril da, aber nur kurz.«

Franziska schaute ihn von der Seite an.

»Ach.«

Weil die Getränke im Club teuer werden würden, kauften sich Malo und Franziska noch ein Bier in einem indischen Imbiss und setzten sich auf den weitläufigen Platz vor dem Club, der sich in einem opulenten runden Gebäude mit Kuppel befand. Vor dem Eingang gab es eine kleine Schlange. Es war Franziskas drittes Bier nach dem Glas Weißwein zu Hause, sie trank in dieser Zeit selten drei Bier hintereinander auf ein Glas Weißwein und fühlte sich dementsprechend unbesiegbar.

Ihr fiel auf, dass Malo viele kleine Lachfalten hatte, obwohl er nur in sehr ausgewählten Momenten zu lachen schien. Sie hätte die Lachfalten gerne gezählt, aber dafür waren die Momente zu kurz.

Im Club bewegten sie sich in einigem Abstand nebeneinander, das Set war düster und schnell. Irgendwann tanzte eine Frau neben Franziska, die offensichtlich Drogen genommen hatte.

Sie beugte sich an Franziskas Ohr und sagte: »T'es trop belle.«

Franziska rief: »Merci.«

Die Frau war etwas kleiner als sie selbst und starrte sie aus übergroßen Pupillen an. Franziska wurde die Situation unangenehm. Die Frau hörte nicht auf, sie anzuschauen. Sie kam wieder näher und sagte nochmal: »Du bist so schön.«

Dann lachte sie aufrichtig, so als wäre sie gerade wirklich sehr glücklich.

Franziska überlegte, ob sie die Frau küssen sollte, damit sie glücklich blieb.

Malo beobachtete die Situation und sagte etwas in Franziskas Ohr, sie erinnerte sich nicht mehr, wahrscheinlich wollte er nur irgendetwas sagen.

»Oh«, sagte die Frau dann, »c'est ton mec?«

Franziska schüttelte den Kopf.

»Non, non.«

Die Frau sagte auf Französisch: »Schade, ich würde gerne mit dir schlafen.«

Franziska spürte einen Arm um ihre Hüfte. Sie ließ sich von Malo zu ihm heranziehen. Sie nahm sein Gesicht in beide Hände. Malos Lippen waren heiß und weich. Er zog sie näher zu sich. Als sie sich das erste Mal wieder voneinander lösten, war die Frau nicht mehr da. Franziska dachte von da an unverhältnismäßig oft an sie.

Bald darauf verließen sie den Laden. In der Metro saßen sie sich gegenüber, Malo beugte sich vor und klopfte mit seinen Händen einen Rhythmus auf Franziskas Knien, so als würde er das dauernd tun. Als sie an ihrer Station ausstiegen, fragte Malo sie, ob Franziska mit zu ihm kommen wolle.

Sie sagte: »Das geht nicht.«

Malo sagte: »Wir können einfach nur schlafen.«

Nach einer Pause sagte er: »Ich will bei dir sein.«

Malos Körper war wie seine Lippen warm und seine Haut war weich und merkwürdig geruchslos. Sie schmiegte sich perfekt an Franziskas, die in dieser Nacht kein Auge zutat. Sie stand auf, als es dämmerte, verließ leise das Appartement und lief durch die *Rue des Poissonniers* nach Hause. Die Fischverkäufer bauten gerade ihre Stände auf.

ZEHN

Am nächsten Tag öffnet Franziska die Augen und schaut auf Aldins rasierten Hinterkopf. Sie schließt die Augen wieder und atmet ein.

Franziska dreht sich auf die andere Seite. Auf dem Nachttisch liegt ihr Handy neben einem Glas Wasser. Das Display zeigt die Zahlenreihe 09 34 an. Sie hat keine neuen Nachrichten. Franziska horcht ins Haus. Es ist still. Aldin atmet geräuschvoll aus, es klingt nach einem aufregenden Traum.

Normalerweise schläft Franziska an neuen Orten oder neben neuen Personen schlecht, und wenn sie Alkohol getrunken hat, dann sowieso. Sie fühlt sich den Umständen entsprechend erholt.

Franziska erinnert sich, dass sie getanzt haben. Sie erinnert sich an lachende Gesichter. Sie erinnert sich an euphorische Sätze, die gesagt und sofort wieder vergessen wurden. Sie erinnert sich an weiße Reste auf dem Rand des Waschbeckens. Sie erinnert sich, dass auf Hippiepartys ständig gekokst wird. Sie erinnert sich, wie Aldin sie angesehen hatte. Sie erinnert sich, wie Mina und Lo zusammen getanzt haben. Sie erinnert sich, dass irgendwann ein bulliger Hund in den Garten kam, der an seiner Leine einen mittelalten Mann in Schlafanzughose hinter sich herzog. Sie erinnert sich an Benedikt, der versucht hatte, beruhigend auf den Mann einzureden. Der Mann hatte einen dünnen Kinnbart gehabt und mit den Armen gestikuliert, die Leine in seiner Hand hatte Kurven in die Luft geschlagen. Der Hund hatte daraufhin angefangen zu bellen. Dann war der Mann gegangen. Etwa eine halbe Stunde später waren zwei Polizisten gekommen. Irgendjemand im Garten hatte gerufen: »Nazis!« Sie erinnert sich, dass die Party vorbei gewesen war. Sie erinnert sich, dass Aldin sie angesehen hatte.

Franziska sucht leise ihre Kleidung. Sie zieht ihre Hose an und streift ein T-Shirt von Aldin über, das mit einem Berg anderer Kleidung auf einem Stuhl liegt. Sie hält kurz inne. Dann zieht sie das T-Shirt wieder aus und greift nach ihrem eigenen Oberteil vom Vortag, der Stoff riecht nach Nikotin, Schweiß und Sonnencreme.

In der Küche ist niemand. Es sieht nicht so schlimm aus, wie Franziska erwartet hat. Eine Uhr tickt etwas zu laut. Der Geruch von klebrigen Sektresten mischt sich mit altem Knoblauch. Franziska widersteht dem Drang, aufzuräumen, und sucht Kaffeepulver. Sie befüllt gerade eine Espressokanne mit Wasser, als sie eine tiefe, sonore und verkaterte Stimme in ihrem Rücken hört, die unengagiert »Hey« sagt. Franziska denkt: Bitte nicht.

»Hey«, sagt Franziska. Ihre Stimme klingt in ihren eigenen Ohren rau und abgenutzt. Weil es keine Alternative gibt, setzt sie sich zu Lo an den Tisch. Die Uhr tickt weiter laut. Eine Weile sagt niemand etwas. Lo schaut sich um und bläst Luft aus ihren Backen. Sie trägt einen türkisfarbenen Morgenmantel. Franziska scrollt irgendwie durch ihr Handy, um nicht reden zu müssen.

Plötzlich sagt Lo: »Wow, ich resoniere einfach null mit deinem Vibe.«

Franziska spürt, wie sich ihr Magen anspannt.

Sie will sagen: Dann geh doch einfach wieder und such dir eigene Freunde.

Franziskas Puls geht schneller, als es ihr angenehm ist.

Nachdem die Uhr noch ein paarmal laut in ihr Schweigen getickt hat sagt sie: »Ja, ehm. Ja.«

Dann ist der Kaffee endlich fertig und Mehmet betritt die Küche. Er sieht verkatert aus. »Ähhä«, sagt er.

Franziska ist froh, dass er da ist. Sie schenkt sich mit dem Rücken zum Tisch einen Kaffee ein.

Bevor sie fragen kann, wie Mehmet geschlafen hat, hört sie, wie Lo zu Mehmet gewandt sagt: »Naja, jedenfalls hat sie sich geritzt und hat jetzt den ganzen Unterarm voller Narben, so richtig übersät. Ehrlich gesagt, es sieht eigentlich ganz hübsch aus, so das Muster.«

Franziska denkt, dass es bemerkenswert ist, wie nahtlos die beiden an ein Gespräch von gestern Abend anknüpfen. Als sie sich umdreht, um den anderen auch einen Kaffee anzubieten, stockt sie in ihrer Bewegung.

ELF

»Wirklich?«, sagt Franziska mit etwas zu hoher Stimme, als sie zusammen im Zug Richtung Stadt sitzen.

»Ja, keine Ahnung. Ich war mega betrunken.«

»Ah.«

»So schlimm ist sie gar nicht.«

»Doch nicht so abgehoben?«

Mehmet atmet tiefer ein als sonst.

»Was ist eigentlich los? Du hast gerade eine schwierige Phase, Franziska, das ist uns allen klar.«

Wenn Mehmet Gesprächen Dringlichkeit verpassen möchte, dann spricht er Vornamen aus.

»Das mit Cyril. Franziska, du warst jetzt zwei Jahre weg. Dinge verändern sich. Wir sind nicht mehr Anfang 20.«

Mehmet macht eine kurze Pause, dann holt er nochmal Luft.

»Also. Hast du mal überlegt, dass du dich vielleicht selbst sabotierst? Dass du gar nicht happy sein willst? Das ist okay, aber dann verurteil andere nicht, wenn sie das möchten. Also, glücklich sein.«

Franziska sagt nichts. Sie denkt: Happy.

»Vielleicht versuchst du einfach mal, dich Leuten zu öffnen, also wirklich zu öffnen. Und nicht nur so zu tun. Du hast Bedürfnisse, so wie ich und so wie alle anderen.«

Mehmet schaut sie jetzt in einer Mischung aus Angst und Rage an. Franziska weiß, dass ihm solche Worte schwerfallen. Er ist eigentlich sehr konfliktscheu.

»Wirklich«, fügt er nochmal an.

Franziska schluckt. Sie will so etwas sagen wie: Alles ist so schwierig und so egal, außer ihr. Ihr seid mir nicht egal. Du bist mir nicht egal. Früher war das alles nicht so schwierig. Kann nicht alles so bleiben wie früher, zumindest noch ein bisschen?

Franziska sagt: »Ja, sorry. Klar. Ich verstehe es eben einfach nicht, manchmal. So jemand wie Lo, das ist so eine Person, das wäre früher ... keine Ahnung. Ich bin einfach überrascht. Mehr nicht.«

Ihre eigene Stimme klingt in Franziskas Ohren weit weg.

»Ja, wie gesagt. Ich war betrunken. Und, keine Ahnung. Ich finde sie okay. Sie ist eigentlich okay. Ist ja auch meine Entscheidung, oder?«

Der Himmel zieht strahlend blau vorüber, ohne eine einzige Wolke zum Fixieren. Einfach viel zu blau. Franziska sagt nichts mehr.

Nach der nächsten Station fragt Mehmet mit weicherer Stimme: »Und Aldin?«

Aldin war gerade die Treppe heruntergekommen, nachdem Franziska fluchtartig ihre Sachen gepackt hatte und sich im Flur ihre Schuhe zuband, um sich keine Minute länger in diesem Haus aufhalten zu müssen. In dieser Idee eines Lebenskonzepts.

Aldin hatte gesagt: »Gehst du schon?« Er hatte eine

Kapuze aufgehabt und seine Stimme hatte kehlig und verschlafen geklungen. Vielleicht hatte sie enttäuscht geklungen.

»Ja, sorry, ich muss früher los, leider.«

Die Türklinke lag schon kühl in ihrer Hand.

»Sorry!«, hatte sie nochmal gesagt und es im selben Moment schwach gefunden, dass sie sich nun schon zum zweiten Mal innerhalb kürzester Zeit entschuldigte.

»Äh. Bis bald!«

Franziska war gerade über die Hauptstraße gelaufen, vorbei an sonnigen, mickrigen Backsteinhäusern, als Mehmet sie eingeholt hatte. Sie waren durch den klaren Vormittag gelaufen, der hier intensiv nach Flieder roch. Sie hatten angestrengt geschwiegen, bis der Zug einfuhr.

Franziska denkt: Keine Ahnung.

Sie sagt es genau so: »Keine Ahnung.«

Es klingt aggressiver als geplant. Mehmet schaut sie von der Seite an. Franziska schaut weg.

Im Augenwinkel sieht sie, dass sich Mehmets Mund zu einem Grinsen formt. Sie will nicht, dass er das alles in einem Witz enden lässt. Sie sitzen nebeneinander, die Rücken in Fahrtrichtung, Franziska hat den Fensterplatz. Sie dreht ihren Kopf wieder in Richtung des Blau hinter zerkratztem Kunststoff.

Mehmets Grinsen wird in ihrem Augenwinkel breiter.

»Komm schon«, sagt er. Er stößt Franziska sanft einen Ellenbogen in ihre rechte Seite.

Franziska macht ein Geräusch, das einem Lachen ähnelt.

»Franziska?«

Mehmet legt seine Hand auf ihre Schulter. »Hey.«

Er spricht jetzt vorsichtiger.

Franziska bedeckt ihr Gesicht mit beiden Händen. Sie sind angenehm kühl und bleiben trocken.

Franziska würde gerne weinen. Franziska kann nicht weinen.

Als sie ihre Hände von ihrem Gesicht löst, schafft sie es wieder nicht, in Mehmets Gesicht zu schauen, das sie sich hilflos vorstellt.

Franziska holt Luft. Sie fixiert eine Wespe, die innen auf dem zerkratzten Kunststoff vor blauem Himmel sitzt. Dann schließt Franziska die Augen und drückt einen Mittelfinger zwischen ihre Augenbrauen.

Sie räuspert sich. Franziska wartet, bis sie glaubt, dass sie wieder sprechen kann.

Dann sagt sie: »Ich glaube, Mina und ich, wir mögen uns einfach nicht mehr.«

Danach berührt Mehmet nochmal Franziskas Arm, nur ganz kurz, eine sichere, richtige Berührung. Sonst tut er nichts. Die Wespe krabbelt weiter über Blau, ganz langsam.

ZWÖLF

Franziska sah Mina nach dem Abend der Fachschaftsparty beinahe täglich. Sie wohnte zwei Straßen weiter in einer Altbau-WG mit hohen Decken und knarrenden Dielen, die so weitläufig war, dass man den anderen Mitbewohner:innen kaum begegnete. Sie waren älter und Mina hatte wenig mit ihnen zu tun. Auch wenn es damals nicht so wirkte, war Mina zu diesem Zeitpunkt wahrscheinlich fast so einsam gewesen wie Franziska selbst.

Minas WG-Zimmer war in etwa so groß wie Franziskas gesamte Wohnung. Es hatte einen Erker, den Mina mit Kissen ausgelegt hatte. In dieser Zeit fühlte Franziska sich nirgendwo so frei, erwachsen und den Dingen überlegen wie in diesem Erker. Franziska hielt sich bald öfter in Minas Erker als in ihrer eigenen Wohnung auf. Hier aßen die beiden zusammen, hier redeten sie und drehten sich Zigaretten. Wenn Franziska später an diese Zeit zurückdachte, war sie sich nicht sicher, ob sie sie romantisierte oder ob sie tatsächlich so schön gewesen war. Wahrscheinlich war sie wirklich so schön gewesen. Franziska ging dazu über, den Bilderrahmen in ihrer Wohnung dauerhaft auf den Boden zu stellen.

[19.08.2012]

Mina: warum schreiben wir das hier nochmal in einen extra chat? [15:59]

Franziska: weil wir wichtige gedanken unserer jugend festhalten wollen und sonst geht es unter? [16:04]

Mina: mega verkopft [16:04]

Franziska: ja stimmt eigentlich lol. Ich komme mir auch dumm vor. ich lösche den chat wieder k? [16:05]

Mina: nee lass mal. wir können hier ja immer mal wieder was reinschreiben und dann gucken, kA [16:09]

Franziska: ok cool [16:10]

[05.04.2013]

Mina: ich habe einen gedanken!! und zwar die jugend wird fälschlicherweise als die unbeschwerteste zeit empfunden. ich glaube dass keine zeit wirklich unbeschwert sein kann wenn man sie gerahmt sieht zum beispiel als »die jugend«. das hat direkt so viele implikationen, da kann man nicht unbeschwert sein. wahrscheinlich ist die jugend die schwerste zeit von allen, weil man so viel über sie gehört hat schon [09:13]

Mina: ich denke man ist unbeschwert, wenn man gerade in einer lebensphase ist in der man nicht so viel an sich oder seine lebensphase denkt. also diese augenblicke, in denen man sich kurz vergisst und die verpflichtungen und erwartungen die mit der aktuellen situation einhergehen. u know. aber es ist egal ob das mit 21 ist oder mit 45. die jugend an sich ist jedenfalls nicht unbeschwert [09:15]

Franziska: ja. ey ich finde es so nervig dass frauenleben ab 30 immer so dramatisch dargestellt werden [09:30]

Mina: ja voll!!!! mimimimi ich bin 30 ich esse ab jetzt heulend schokolade mimi [10:02]

[22.08.2013]

Franziska: willst du eigentlich kinder? [14:00]

Mina: ich glaube schon. aber ich will vorher etwas schaffen. ich würde gerne eine familie gründen, aber erst später. schwanger werden ist für mich gleichbedeutend mit der tatsache, dass es nicht mehr um mich geht. es soll aber möglichst lange um mich gehen noch [17:50]

Mina: und du? willst du kind oder karriere? [17:50]

Franziska: ich glaube ich will weder noch [17:51]

Mina: hahahaha. ich finde es so ungerecht dass man als frau irgendwann mit dieser frage konfrontiert ist, also zwangsläufig [17:58]

Franziska: warum ungerecht? [17:59]

Mina: ach keine ahnung. gesellschaftlich. ich glaube nicht, dass ich wirklich kinder will, also als wunschwunsch. wenn, dann macht man es, damit man sich nicht mehr um sich selbst dreht [18:02]

Franziska: man sollte sich vielleicht nicht nur fragen, ob man kinder will, sondern auch, ob die kinder einen selbst wollen??????? [18:02]

Mina: hahahaha [18:05]

[13.12.2013]

Mina: ich glaube mittlerweile wirklich dass jede frau irgendwann in ihrem leben eine art essstörung hat [14:12]

Franziska: ja wahrscheinlich schon. ich glaube meine mutter hatte keine [14:15]

Mina: ja ok dann lass uns sagen seit den 90er jahren. oder spätestens seit GNTM [14:16]

Franziska: ja das auf jeden fall [14:16]

Franziska: wann war deine? [14:17]

Mina: ich glaube mit 15, 16 war es am extremsten und hat sich bis anfang 20 gehalten, danach wurde es besser aber eigentlich ist es nie richtig weg [14:18]

Franziska: bei mir hatten bestimmt 25 % der frauen in der oberstufe eine sichtbare magersucht bzw bulimie und es wurde nie drüber gesprochen [14:19]

Mina: ja same [14:21]

[15.01.2014]

Franziska: ich freue mich so darauf nicht mehr sexualisiert zu werden dauernd [20:02]

Mina: haha ja als ob, das sagst du JETZT [20:05]

Franziska: nee ehrlich, so ab mitte 40 spätestens 50 bist du einfach unsichtbar. das ist bestimmt erstmal ein schock, aber kurz danach bist du ja auch biologisch nicht mehr reproduktionsfähig. du kannst dann einfach existieren ohne bluten oder schwangerschaft so wie männer [20:10]

Mina: vielleicht lass ich mir die eizellen einfrieren? [20:11]

Franziska: ja haha als ob. hast du angst vorm altern als frau? [20:13]

Mina: ja total. du nicht? [20:13]

Franziska: doch, krass angst [20:14]

Mina: das mit den eiern das war gar nicht so funny gemeint tbh [20:17]

Franziska schließt das Dokument, das mit den anderen im Ordner »Franziskas und Minas Gedanken« auf ihrer externen Festplatte gespeichert ist. Ihr ist die Aktion vor sich selbst unangenehm und zu dramatisch, aber sie hat das Bedürfnis, irgendetwas zu tun. Sie klickt mit der rechten Taste auf den Ordner und bewegt den Pfeil auf »Löschen«.

Möchten Sie den Ordner wirklich in den Papierkorb verschieben? »Franziskas und Minas Gedanken, Erstelldatum 02.09.2014«.

Als Franziska auf »Ja« klickt, macht es ein flatterndes Geräusch, als würde sich ein dickes Huhn aufplustern.

DREIZEHN

»Da bist du ja, Franzi! Wie schön!« Ihre Mutter ist eine Person, die die Ausrufezeichen der Sätze mit ausspricht. Ihre immer ein wenig cremige und mit den Jahren weicher werdende Wange zu spüren vermittelt Franziska sofort das bestimmte Gefühl von Sicherheit, das nur durch diese Wange ausgelöst werden kann. In Franziskas Gesicht verzerrt sich etwas. Sie bemerkt, dass sie lächeln muss.

Im Auto stellt ihre Mutter die Fragen, die Franziska von ihr erwartet und auf die Franziska am Telefon auch schon längst geantwortet hat: Wie die Fahrt war? Gut, es gab keine Verspätungen. Ob sie Hunger habe? Kaum, ich hab im Zug etwas gegessen. Ob sie gut angekommen ist, zurück in Deutschland? Wie sich der Abschied von Paris angefühlt hat? Ja, gut, ja, ein bisschen leer vielleicht. Franziska weiß, dass ihre Mutter wegen des kleinen, im Kontext der bedeutungsleeren Sätze sehr schwerwiegenden Wortes »leer« nicht einhaken wird. Franziska weiß auch, dass ihre Mutter generell keine ehrlichen Antworten hören möchte, nicht zu Franziskas Leben und nicht zum Leben an sich. Sie möchte einfach Antworten. Früher hatte Franziska das manchmal traurig gemacht, mittlerweile schätzt sie die pragmatische, lebensbejahende Art ihrer Mutter.

»Schön, dass du wieder da bist!«, sagt ihre Mutter.

Vor allem während ihrer frühen Teenagerzeit hatte sich Franziska nach der Herkunft aus einer Künstlerfamilie oder wenigstens aus einem akademisch geprägten Elternhaus gesehnt. Sie hatte zu dieser Zeit einen Freund gehabt, dessen Mutter Künstlerin im Bereich Aquarellmalerei gewesen war. Sie hatte zu jeder Jahreszeit wallende Stoffe aus Leinen getragen, weißen Tee aus filigranen Tassen getrunken und verträumt gelächelt, wenn sie mit Franziska geredet hatte. Franziska, die erst später verstanden hatte, dass diese Frau geerbt hatte und deswegen blassgrüne Landschaften auf quadratische Leinwände tropfen lassen konnte, ohne auf den Verkauf der Werke angewiesen zu sein, hatte sich gewünscht, dass ihre Mutter auch verträumt lächelt oder dass ihre Eltern weißen Tee trinken. Ihre Eltern tranken immer nur Filterkaffee aus klobigen Tassen.

Aus einer reichen oder irgendwie künstlerischen Familie zu kommen hätte ihr als kreativ tätigem Menschen von vornherein eine leicht blasierte Ausstrahlung verliehen, die für den Berufsstand insgesamt nur Vorteile birgt, findet Franziska. Sie hätte so fast selbstverständlich freien Eintritt in die Kunstwelt gehabt, sie hätte sich schon als Jugendliche auf Ausstellungseröffnungen gelangweilt, ihre Eltern hätten immer irgendwen gekannt, um ihr die richtigen Praktikumsplätze, Hospitanzen und Kontakte zu vermitteln. Später wäre allein ihre Herkunft eine polarisierende Waffe gewesen, da die Leute privilegierte Künstler:innen liebten, die ihnen eine Projektionsfläche für ihre eigenen verborgenen Sehnsüchte (Privilegien, Geld, Kreativität) boten.

Als Franziska 14 war, hatte ihr Vater seinen Job als Leiter einer Baumarktfiliale verloren, weil die Kette pleitegegangen war. Er war drei Jahre lang arbeitslos gewesen und hatte sich um Franziska und ihre Schwester gekümmert. Ihre Mutter hatte begonnen, halbtags in einer Apotheke zu arbeiten. Franziska erinnert sich gern an die Zeit, als ihr Vater zu Hause gewesen war. Er war häufig unrasiert gewesen und hatte bis zum Abend aus dem Mund nach Kaffee gerochen und dann immer öfter nach Bier. Er hatte für ihre zwei Jahre jüngere Schwester Johanna und sie morgens Pausenbrote geschmiert, er hatte für sie mittags Frikadellen gebraten, er hatte Franziska nachmittags zum Fußball gefahren und Johanna zum Reitunterricht, der eigentlich viel zu teuer war, aber zu dem sie unbedingt wollte. Manchmal war Franziska mitgefahren, wenn ihr Vater Johanna vom Reiten abgeholt hatte. Franziska erinnert sich an dünne Mädchen und Jungen mit symmetrischen Gesichtern, die an Trinkpäckchen saugten, die ihre Mütter ihnen mitgebracht hatten. Die Mütter standen dann mit weißen Zähnen und in blondierten und geföhnten Haaren positionierten Sonnenbrillen am Rand der Voltigierhalle und schauten stolz ihren Kindern zu. Franziska erinnert sich an die Pferde, die auf sie so wirkten, als würden sie sich in ihren gestriegelten Korpussen nicht wohlfühlen und in jeder Bewegung fremdgesteuert sein. Lange Zeit dachte Franziska, dass sie Pferde nicht mochte, bis ihr auffiel, dass sie sich einfach vor ihnen fürchtete.

Sie erinnert sich häufig an ein Gespräch zwischen ihren Eltern zu dieser Zeit, das sie abends belauscht hatte. Es ging um eine Klassenfahrt von Johanna. Die 2a sollte eine Woche in eine Jugendherberge auf die Insel Juist fahren.

Ihre Mutter hatte gesagt: »Ohne das Geld kann sie nicht fahren.«

Ihr Vater hatte ruhig erwidert: »Ich möchte kein Geld von Margit annehmen.«

Margit war die Schwester von Franziskas Mutter, an die Franziska auch mehr als zehn Jahre später als Erstes denkt, wenn sie das Wort »neureich« hört.

Ihre Mutter hatte gesagt: »Dann fährt sie nicht.«

Zwei Tage später gewann ihre Mutter überraschend einen kleineren vierstelligen Betrag im Lotto. Franziska hatte ihre sonst eher gleichmütige Mutter selten so außer sich erlebt vor Freude.

Franziska erinnert sich, dass sie an dem Abend das erste und einzige Mal in ihrem Leben gebetet hatte. Sie lag im Bett und schaute an die niedrige Zimmerdecke. Franziska war nicht getauft und hatte keine Ahnung gehabt, wie man betete, aber sie hatte gesagt: »Lieber Gott, danke für das Geld.«

»Danke«, hatte Franziska nach einer kurzen Pause bekräftigt. Drei Wochen später war Johanna mit ihrer Klasse nach Juist gefahren.

Am Autofenster zieht funktionstüchtige deutsche Infrastruktur vorbei. Franziska öffnet die Notiz-App ihres iPhones, weil sie gerade einen Song für einen österreichischen Rapper textet. Auf der Zugfahrt waren ihr ein paar lose Ideen gekommen, die sie jetzt in Strophen bringen musste.

»Papa macht heute seine Bolognese«, sagt Franziskas Mutter, als sie an einer roten Ampel warten.

»Ach, cool«, erwidert Franziska. Sie speichert die Notiz und beobachtet ihre Mutter von der Seite. Vielleicht liegt es daran, dass sie gern Sport macht, jedenfalls wirkt ihre Mutter seit jeher wie eine Frau voller Elan. Auch jetzt, mit über 60, sind ihre Bewegungen agil und meistens energisch. Franziska denkt, dass sie zehn Jahre jünger aussieht, als sie ist, bis ihr einfällt, dass sie keine Ahnung hat, wie Frauen mit 64 normalerweise aussehen. Franziska denkt, wie unfassbar es ist, dass diese Frau sie mal aus sich herausgepresst hat.

»Ich fahre morgen wieder«, antwortet Franziska auf die übliche Frage ihrer Mutter, als sie in die verkehrsberuhigte Straße der Wohnsiedlung biegen, in der Franziska aufgewachsen ist. Die zweistöckigen Reihenhäuser mit gepflegten Vorgärten und aneinanderklebenden Spitzdächern sehen aus wie immer. Es sind kaum Menschen auf den Bürgersteigen und die Atmosphäre ist sonntäglich, obwohl Donnerstag ist.

»Okay!«, sagt ihre Mutter mit Ausrufezeichen, und dann: »Isst du eigentlich immer noch kein Fleisch, Franziska? Wegen Papas Bolognese.«

Der Eingangsbereich des Reihenhauses ist wie die gesamte untere Etage weiß gefliest und antiseptisch gereinigt. Beim Eintreten empfängt Franziska der Geruch, der für sie »zu Hause« bedeutet und vermutlich wie in jedem anderen Haushalt aus einer Mischung aus Putzmittel-, Textil-, Körper- und Essensgerüchen besteht. Ein kurzer Flur mit Garderobe führt in den Wohnessbereich, die Küche geht nach vorn raus und ist durch eine Glastür vom Rest getrennt. Wegen der Gerüche. Es ist die millionenfach vorhandene Aufteilung des kleinbürgerlichen, noch nicht vollständig abbezahlten Lebens, denkt Franziska. Sie überlegt, in welchem Bereich sie diesen Gedanken in Zukunft verwerten kann. Das in Margarine schwitzende Hackfleisch zieht in die surrende Dunstabzugshaube, als Franziska die Küche betritt.

Die Umarmung ihres Vaters besteht wie immer aus behutsamem Tätscheln zwischen die Schulterblätter.

»Da ist sie wieder«, sagt er an Franziskas linkem Ohr in die Richtung ihrer Mutter. Franziska beobachtet die Uhr an der gegenüberliegenden Wand. Die Sechs am unteren Rand des Ziffernblatts wird von einem fröhlich schauenden Marienkäfer dargestellt, der die Augenbrauen in die Höhe zieht.

Am Esstisch aus Glas lachen ihre Eltern viel über normale Dinge. Franziskas Mutter erzählt eine Anekdote vom Tennistraining so, als würde am Ende etwas Wichtiges passieren. Irgendwann lacht ihr Vater kurz laut auf. Es scheint das Ende der Anekdote zu sein. Franziska findet es schön, dass sich das Lachen echt anhört. Sie lacht kurz mit.

Vor ein paar Jahren hat sich ihre Mutter angewöhnt, »geil« zu sagen.

»Das ist doch total geil, oder?«, sagt sie jetzt, vermutlich auf die Anekdote bezogen. Es klingt deplatziert.

Franziskas Vater macht ein zustimmendes Geräusch.

Während Franziska in den Salat pickt, wiederholt sie auf die interessierte Nachfrage ihres Vaters die Eckdaten der etwa anderthalbstündigen Zugfahrt.

»Soso«, sagt ihr Vater, während er die Spaghetti mit der Gabel auf seinen Löffel rollt. Er drapiert ein Häufchen Hack auf dem höchsten Punkt der Nudelschnecke, »schön, schön.«

Franziska denkt kurz, dass sein Blick zu Franziskas Mutter huscht, aber vielleicht hat sie sich das auch nur eingebildet. Franziska weiß, dass ihre Eltern stolz auf sie sind, ohne genau zu wissen, auf was. Sie findet, dass man kaum mehr erwarten kann.

Wie immer verschiebt sich das Gespräch bald zu Franziskas Schwester Johanna, die zwei Jahre jünger ist und gerade ihren PhD in VWL begonnen hat. Franziskas Eltern fällt es leichter, über Johannas messbaren Erfolg in einer pragmatischen Disziplin zu reden als über Franziskas Arbeit. Franziska versteht das. Sie denkt über das Verhältnis zu ihrer jüngeren Schwester nach. Franziska war immer froh gewesen, dass die beiden sich in unterschiedlichen Bereichen selbstverwirklicht hatten, so war es nie zu einer schlimmeren Konkurrenzsituation als der zu erwartenden gekommen. Sie würde die Beziehung zu ihrer Schwester als loyal und unaufgeregt beschreiben. Wie immer, wenn es um Johanna geht, sagt ihre Mutter irgendwann den Satz: »Sie hat ja auch schon früher immer ganz viel gerechnet. Wisst ihr noch, der Mathewettbewerb.«

Ihre Mutter lächelt auf eine Art gerührt, die sie alt wirken lässt. Dann legt sie ihr Besteck in ihren Teller. Sie räuspert sich. Als Nächstes legt auch Franziskas Vater sein Besteck in seinen noch halb gefüllten Teller.

»Es ist so, Franzi«, beginnt Franziskas Mutter.

Wenn Franziska nicht so müde wäre, hätte sie etwas Richtiges zu den holprigen Sätzen gesagt, mit denen ihre Eltern ihr in den folgenden Minuten beibringen, dass sie sich trennen würden. Franziska nimmt die Worte ohne ihre Bedeutung wahr. Sie nickt irgendwie und sagt zwischendurch: »Okay.«

Währenddessen überlegt Franziska, was eine geeignete Reaktion wäre. Sie denkt darüber nach, mit beiden Händen in die Nudeln zu greifen und sie an die eierschalenfarbene Raufasertapete zu werfen. Den Rest der Spaghetti könnte sie auf den weißen Fliesen verteilen und sich jubelnd darin wälzen; könnte ihre Mutter zu sich auf den Boden zerren, damit sie sich mit ihr wälzt, auch ihr Vater würde sich schließlich mit ihnen wälzen, bis ihre Eltern am Ende, erschöpft und mit lachenden, hackverschmierten Gesichtern auf dem Boden liegend, sagen, dass das alles ein Scherz war. Franziska denkt daran, dass ihre Eltern irgendwann sterben werden.

»Ja, also, so ist es«, sagt ihr Vater schließlich, »wir haben alles besprochen. Ich suche mir eine Wohnung, ansonsten bleibt es wie gehabt. Wir können auch Weihnachten zusammen feiern.«

Franziskas Mutter nickt.

Dann sagt er noch: »Ja, also. Ja«, und dann, als die Stille anhält: »Gibst du mir mal das Salz, Franzi?«

Franziska streicht eine Haarsträhne hinter ihr Ohr und reicht ihrem Vater das Salz.

VIERZEHN

Etwa eine halbe Stunde später liegt Franziska auf dem Bett in ihrem ehemaligen Kinderzimmer und spürt die beruhigende Wärme des Laptopakkus auf dem Schoß. Ihr Computer hat das schwächliche WLAN ihres Elternhauses, mit dem er sich automatisch verbindet, als Heimnetzwerk gespeichert. Franziska hat keine Lust, über irgendetwas nachzudenken. Sie drückt den Playbutton des Videos, um den neusten Vlog von Tim und Jana zu schauen. Er wurde vor drei Stunden hochgeladen. Nachdem ein junger, muskulöser Mann Franziska in einem vorgeschalteten Clip zu erläutern begonnen hat, wie sie am schnellsten reich wird, klickt Franziska auf »Werbung überspringen« und der Vlog startet.

Heute machen Jana und Tim eine Fahrradtour. Beide sind dunkelblond und haben eine ähnliche blaugraue Augenfarbe, die in der Sonne besonders zur Geltung kommt. Sie könnten auch Geschwister sein. Gerade hält Jana ihre BPA-freie Trinkflasche in die Kamera und ruft etwas erfreulich Nichtssagendes. Franziska überlegt, zu masturbieren.

Sie nimmt die Stimmung im Video als leicht angespannt wahr, vor allem von Janas Seite. Vielleicht haben sich die beiden gestritten.

Aus der unteren Etage klappert leise Porzellan. Ihre Mutter räumt die Spülmaschine aus. Franziska pausiert das Video und nimmt ihr Handy zur Hand. Sie schreibt an Aldin:

hey, was geht? :) [15:03]

Aldin antwortet sofort: helloo :) nicht viel, bei dir? [15:05]

Und direkt danach: wie fühlt es sich an bei deinen eltern?? ich besuche übermorgen einen freund bei dir in der nähe, lust was zu machen?? [15:05]

Franziska betrachtet die Nachricht und denkt daran, wie unglaublich das Internet ist. Manchmal, wenn Franziska sieht, dass eine Person online ist, spürt sie immer noch ein warmes Ziehen im Magen, weil das heißt, dass sie sich mit der Person gerade gleichzeitig am selben Ort aufhält und trotzdem für sich bleiben kann. Sie findet, dass die Menschheit zu Recht überfordert ist mit dieser neuen Gegenwart und dem Übermaß an falscher Weltverbundenheit.

Franziska tippt in das Textfeld des Messengers und zögert.

Ihr ist der Chat mit Aldin für ihre wackelige Gemütslage etwas zu verbindlich. Die doppelt gesetzten Fragezeichen empfindet sie als unangebracht dringlich. Gleichzeitig wirkt die Frage nach einem Gefühl ziemlich esoterisch. Mit ihrem Übermaß an Empathie strahlt Aldins Nachricht subtilen Stress aus.

Franziska schließt den Messenger wieder. Sie würde ihm morgen antworten.

Bei Jana und Tim gibt es nach der Fahrradtour Ofengemüse, »So wie fast immer«, sagt Tim und Jana lacht darüber.

Franziska klappt den Laptop zu und rafft sich zu einem Spaziergang durch den Vorort auf. Sie läuft über den Schulhof ihrer ehemaligen Grundschule. Sie schickt Mehmet ein Bild des Gebäudes und dazu irgendeine Nachricht, um das klebrige Gefühl der Sentimentalität nicht allein aushalten zu müssen.

Sie kommt an dem kleinen Park vorbei, in dem sie ihre erste Zigarette geraucht hat. Sie geht durch eine Siedlung baugleicher Mehrfamilienhäuser, es riecht an drei Stellen nach Lebensmitteln, die mehrere gesättigte Fettsäuren enthalten.

Sie steht vor dem Gebäude ihres Gymnasiums und schafft es drei Sekunden, ihren Blick über den Schriftzug am Eingang fahren zu lassen, bevor sich die Umgebung in ein loderndes Feld aus unzusammenhängenden Erinnerungen an Angst, Entscheidungen und Unsicherheit verwandelt.

Franziska macht auf dem Absatz kehrt.

Nach etwa 200 Metern bleibt sie stehen und holt ihr Handy heraus, um Aldin zuzusagen.

Als Franziska abends im Bett liegt, regnet es große Tropfen. Sie hört ihnen durch das gekippte Fenster zu. Die Bettwäsche ist immer noch dieselbe, unter der sie als Kind geschlafen hat. Franziska überlegt, ob sie sich jetzt entwurzelt fühlen soll. Sie hat keine Antwort. Franziska denkt noch, dass Regengeräusche fälschlicherweise als beruhigend gelten. Es klingt wie eine große Wasserverschwendung. Dann schläft sie ein.

FÜNFZEHN

Am nächsten Tag fährt ihre Mutter sie aus dem ohnmächtig daliegenden Vorort zum Bahnhof. Franziska spürt in sich eine wirre Mischung aus Wut und sexueller Anspannung. Sie checkt ihre Menstruations-App. Die App zeigt an, dass heute ihr Eisprung ist.

Ihre Mutter trägt ein weiß-rosa meliertes T-Shirt mit V-Ausschnitt. Ihr Oberarm ist gebräunt und wackelt leicht, wenn sie schaltet. Sie erzählt von einem Konzert, auf dem sie vor ein paar Tagen war. Ihre Mutter sagt, dass es »total geil« war. Franziska denkt, dass es die Generation ihrer Eltern leichter gehabt hat, für oder gegen etwas zu sein, und sie sich diese Einstellung beibehalten hat. Franziska ist froh, dass ihre Eltern nicht bei Facebook sind.

Während der restlichen Fahrt reden sie kaum. Irgendwann fragt ihre Mutter, wie es Cyril geht.

Franziska überlegt. Dann sagt sie wahrheitsgemäß: »Ich weiß es nicht.«

Sie wusste es wirklich nicht, sie hatte seit seiner letzten Nachricht, dass er »für die letzten Tage« bei Malo schläft, nichts von ihm gehört. Ihre Mutter sagt »Mh-mh« und setzt einen Blinker.

Als sie auf der Taxispur am Bahnhof halten, geben sie sich gegenseitig einen flüchtigen Kuss auf die Wange. Als

Franziska die Beifahrertür öffnet, sagt ihre Mutter plötzlich: »Weißt du, Franzi, das Leben ist in allererster Linie schön.«

Auf dem Weg um das Auto denkt Franziska, dass der Blick ihrer Mutter vielleicht kurz sorgenvoll war. Der Blick ihrer Mutter ist fast nie sorgenvoll.

»Ich weiß«, sagt Franziska deshalb und grinst ihre Mutter im Rückspiegel so ehrlich wie möglich an, bevor sie die Heckklappe dumpf ins Schloss wirft. Die Augen ihrer Mutter lächeln erleichtert im Rückspiegel.

Im Zug sitzt ein Mann mit einem langen, gepflegten Bart und definierten Brustmuskeln, eine Kombination, die Franziska sonst nie, aber heute besonders attraktiv findet. Franziska denkt: Hormone. Sie spürt, wie etwas aus ihr herausfließt. Dann schaut sie lang in die blau gemusterten Sitzbezüge. Sie zählt zwei Reihen Quadrate. Sie liegen in regelmäßigem Abstand zueinander, insgesamt sind es 24. Franziska denkt, dass sie leider nie so werden würde wie ihre Mutter. Dann holt sie ihr Handy heraus und widmet sich dem Songtext in ihrer Notiz-App.

SECHZEHN

Es war gerade Frühling, als Franziska zusammen mit Cyril und Malo nach Montpellier fuhr. Ein alter Schulfreund der beiden feierte dort seine Hochzeit. Franziska fand den Ausflug nicht zuletzt deshalb aufregend, weil ihr die Tatsache, dass Personen heirateten, zu diesem Zeitpunkt wie ein Relikt ihrer Elterngeneration vorkam.

Als sie den *Gare de Lyon* betraten, war es 7 Uhr 23. Cyril erzählte ihr etwas Unspektakuläres über seine Großmutter, aber Franziska war so konzentriert auf die morgendliche Welt um sich herum, dass sie ihm kaum zuhören konnte.

»Franziska???«, fragte Cyril deshalb verunsichert und leicht gereizt, als sie schließlich am Gleis standen. Dann fuhr der Zug ein und es wurde zu laut, um zu antworten.

In diesem Moment kam Malo über das Gleis gelaufen. Seine Beine rannten, während sein Oberkörper merkwürdig steif blieb. Franziska erkannte kleine Schweißperlen auf seinen Nasenflügeln, als er sie erreichte. Malo erzählte mit verschlafenen Augen und einem bräunlich gefärbten tropfenden Coffee-to-go-Becher in der Hand, dass er in seiner Eile mit einem patrouillierenden Soldaten mit einem Maschinengewehr zusammengestoßen war. Der Schaft der Waffe habe sich in seiner Jacke verfangen.

Am Anfang hatte der Anblick der ausdruckslos blickenden Männer mit großen Waffen, die in Frankreich zum Bild des öffentlichen Lebens gehörten, ein beklommenes Gefühl in ihr ausgelöst, mittlerweile hatte Franziska sich an sie gewöhnt und fühlte sich manchmal sicherer, wenn sie sie sah, auch wenn sie das nie zugeben würde.

Malo zog seine rechte Hand über seine dunkelblaue Jeans, um den letzten Rest Kaffee abzuwischen.

»Der Soldat war aber ganz nett. Er hat sich sogar entschuldigt«, murmelte er mit belegter Stimme.

Während der TGV Richtung Süden glitt, schlief Cyril ein. Franziska reagierte darauf wie gewohnt mit einer Mischung aus Wohlwollen und Missgunst. Sie hatte keine schlimmeren Schlafprobleme, aber Cyril schlief mehr und besser als sie. In einem Zug einzuschlafen war für sie undenkbar. An guten Tagen freute sie sich mit ihm über seine Erholung, an schlechten war sie neidisch oder fand es lächerlich, dass er dauernd schlafen musste.

Malo saß gegenüber von Franziska und streckte sein Bein so aus, dass es Franziskas Bein berührte, ganz leicht, dabei schaute er abwechselnd aus dem Fenster und in seinen Laptop.

Als sie am frühen Nachmittag ankamen, liefen sie vom Bahnhof aus durch die saubere Fußgängerzone der Altstadt von Montpellier, die wirkte, als hätte jemand eine pittoreske Altstadt für mitteleuropäische Touristen entworfen und dann bauen lassen. Schmale, dunkle Gassen verwinkelten sich bergauf und bergab in einem mittelalterlich anmutenden Labyrinth und trafen sich an kleinen, baumüberschatteten Plätzen, auf denen Studierende in Cafés, die abends zu Bars wurden, saßen und konzentriert in graue MacBooks schauten. Über ihnen strahlte der blaue Himmel viel kräftiger als in Paris, und obwohl es erst Mitte März war, musste Franziska ihre Jacke ausziehen, weil die Sonne eine Wärme abgab, die man über den Winter vergessen hatte. Sie spürte Malos Blick, während sie sich bemühte, ihre Arme möglichst ansehnlich aus der Daunenjacke zu schälen. Franziska schaute konzentriert auf den Boden. Die Pflastersteine waren so glatt, als würden sie nachts von jemandem poliert werden.

Cyril erzählte hier und da, was er mit einem bestimmten Café oder einem Platz verband, manchmal pflichtete Malo ihm bei und sie tauschten Anekdoten aus, die Franziska wie alles, was Anekdote war oder in der Vergangenheit lag, wenig interessierten. Während Cyril redete, versuchte sie sich vorzustellen, wie es gewesen sein musste, hier aufzuwachsen. In heißen, langen Sommern unweit des Meeres, unter strahlend blauem Himmel, in dunklen Häusern aus einem Stein, der die Hitze absorbierte, *carottes râpées* als Beilage des leichten, mediterranen Mittagessens und Apfelkompott zum Nachtisch. Franziska bemerkte, dass ihre Vorstellung einem französischen Kurzfilm mit etwas zu viel künstlerischer Ambition glich, in dem nie jemand lachte. Sie sah Malo als kleinen Jungen an einem Sonntagnachmittag am Strand, zusammen mit seiner Großmutter väterlicherseits, die Franziska sich als liebenswürdige, kurzhaarige Französin mit gesundem Teint vorstellte, die ihrem Enkel ein Eis kaufte, weil es Sonntag war. Sie unterbrach sich in ihren Gedanken, weil sie wusste, dass sie eigentlich Cyril hätte sehen sollen. Franziskas Füße erzeugten einen zurückgenommenen Klapp-Ton, wenn sie auf den mattglänzenden Steinen am Boden aufsetzten. Sie freute sich, das erste Mal in ihrem Leben in Südfrankreich zu sein.

Weil Malos Eltern etwas außerhalb wohnten, würden alle in der Wohnung von Cyrils Eltern übernachten, die sich am Rande der Altstadt und unweit der Kirche befand, in der am nächsten Tag die Hochzeitszeremonie stattfinden sollte. Cyrils Eltern waren nicht da, was Franziska Cyril gegenüber als »schade« kommentiert hatte. Sie standen in diesem Moment gemeinsam in der Küche und schnitten Gemüse fürs Abendessen. Cyril hatte sich für einen kurzen Moment darin unterbrochen, Cherrytomaten zu halbieren, und sich zu Franziska gedreht. Als sich ihre Blicke trafen, hatten beide gelacht.

Die Wohnung von Cyrils Eltern war riesig und ihre Einrichtung bestand aus wenigen ausgewählten Holzmöbeln, Leinenvorhängen und hellen Teppichen auf hübsch marmoriertem Steinboden. Es roch zurückgenommen nach Lavendel. Man sah der Wohnung an, dass Cyrils Vater Arzt und seine Mutter Professorin für neuere deutsche Literatur war. Franziska dachte kurz an den lachenden Marienkäfer an der Uhr, die in der Küche ihrer Eltern hing.

Während Cyril und Malo einkaufen gingen, streifte Franziska durch die angenehm kühlen Räume, ließ einen Finger über eine Reihe der Bücherwand fahren, die zu weiten Teilen aus den Werken französischer Poststrukturalisten bestand, und rauchte schließlich eine Zigarette auf einem der zwei ausladenden Balkone. Sie schaute in den

Himmel und dann in das frühabendliche Treiben in der schmalen Gasse unter ihr. Sie hatte den Eindruck, vollkommen fremd und gleichzeitig am richtigen Ort zu sein.

Als Cyril und Malo wiederkamen, hatte sich die Stimmung zwischen ihnen verändert. Während sie das Abendessen vorbereiteten, gab Franziska sich Mühe, die Harmonie zwischen den beiden wiederherzustellen, machte schlechte Witze und schenkte schnell und viel Weißwein nach. Cyril versuchte, sie anzulächeln, aber es blieb bei einem Versuch. Malo strich sich die dunklen Haare aus der Stirn, schaute auf seinen Teller und aß schweigend. Franziska spürte, wie ihr Magen sich zusammenzog.

Als sie später im Bett lagen, fragte Franziska Cyril, ob etwas vorgefallen wäre. Ihr Herz schlug dabei in einem Tempo, das ihr ungesund vorkam.

»Ach«, sagte Cyril nur und drehte sich von Franziska weg auf den Rücken.

Nach einer Pause sagte er: »Ich glaube, dass er dich mag.«

Franziska schloss die Augen. Das Blut schlug Wellen in ihren Ohren. Cyril atmete geräuschvoll aus.

»Ich habe ihm gesagt, dass er es mir sagen kann. Oder dass wir darüber reden können.«

Cyril drehte sich wieder in Franziskas Richtung.

»Du spürst das doch auch, oder? Ich meine, ich weiß, dass du nicht ... Ich weiß es nicht. Ich sehe es nur bei ihm. Es war ein Gefühl. Ich habe es angesprochen. Vielleicht war es falsch. War es falsch, Franziska? Du merkst es doch auch?«

In der letzten Frage war die vorwurfsvolle Nuance nicht zu überhören.

Franziska drehte sich auf den Rücken und schloss ihre Augen. Cyrils Blick drückte auf ihre linke Wange.

Dann sagte sie: »Nein. Ich glaube, wir mögen uns, klar, aber nicht so.«

Und dann: »Aber es war richtig. Also, es anzusprechen. Ich kann nicht mehr denken. Lass uns schlafen, wegen morgen.«

Nachdem Cyrils Atem längst gleichmäßig und ruhig geworden war, schaute Franziska auf ihr Handy. Zwei Nachrichten von Malo leuchteten grell in die Dunkelheit des Schlafzimmers, das Franziska zu groß war, um sich darin wohlzufühlen.

»sorry«, stand da.

Und dann: »ich glaube wir sollten es lassen einfach«.

Als es hinter den Leinenvorhängen hell wurde, war Franziska sicher, nicht geschlafen zu haben, obwohl sie wusste, dass man selbst dann immer ein bisschen geschlafen hatte.

Nach der offiziellen Zeremonie sollte die Hochzeit in der Hafenstadt Sète gefeiert werden. Die Gäste wurden auf Kosten des Brautpaares für eine Nacht in einem Hotel untergebracht. Franziska fand die Idee, eine gesamte Hochzeitsgesellschaft in Autos und Busse zu verfrachten und etwa dreißig Minuten in einen anderen Ort zu transportieren, unnötig kompliziert und anstrengend, aber sie schluckte den Gedanken herunter.

Die kühle Luft in der Kirche und die feierliche Stimmung der Zeremonie taten der Gesamtsituation gut. Sie saßen mittig im gut gefüllten Kirchenschiff und hörten vom Pfarrer nur ein paar vereinzelte Wörter. Franziska erkannte von Weitem die linke Schulter der Braut und einen Teil ihrer Frisur. Wie immer, wenn Franziska in einer Kirche war, staunte sie über das Gebäude und seine feierliche Akustik und war gleichzeitig froh, nicht öfter in eine Kirche gehen zu müssen. Aus dem Augenwinkel sah sie Cyril unbewusst lächeln. Malo hatte bisher jeden längeren Blickkontakt mit Franziska vermieden, aber er wirkte nicht mehr ganz so abweisend wie am Vorabend. Franziska drückte ihre Schulterblätter in die Holzstreben hinter ihr.

Die Hochzeitsgesellschaft, die sich vor der Kirche sammelte, wirkte auf den ersten Blick reich, jung und gelangweilt. Während Cyril und Malo sich mit ein paar Leuten unterhielten, stand Franziska daneben, sagte hin und wieder »Enchantée« und trank in kürzester Zeit das gereichte Glas Sekt. Sie fühlte sich nach der schlaflosen Nacht verhältnismäßig wach, aber dünnhäutig. Sie hatte den Eindruck, jedes einzelne Gespräch so laut zu hören wie das Zwitschern der Vögel in den Bäumen über ihnen. Als das Brautpaar aus der Kirche trat, johlten die Leute wie bei einem Fußballspiel und warfen weiße Rosenblätter in die wärmer werdende Vormittagsluft, die sich für einige Zeit in der Frisur der Braut verfingen. Franziska fand den Moment herzergreifend. Im nächsten Schritt ging ein jugendlicher Franzose durch die an Stehtischen lachende Ansammlung und verteilte Luftballons, an deren Ende eine kleine Karte hing. Man sollte sie mit einem Wunsch für das Brautpaar beschriften und auf Kommando wegfliegen lassen. Franziska überlegte lange mit dem Edding in der Hand.

Dann schrieb sie: »Quoi qu'il arrive, le printemps viendra toujours.« Sie dachte im Nachhinein noch häufig an diesen Moment eindrücklicher Ideenlosigkeit.

Als das Kommando kam, flog der weiße Ballon schlangenlinienförmig gen Himmel, so als hätte er Humor.

SIEBZEHN

Franziska klickt sich durch Instagram-Stories. Sie schaut sie mit einer Mischung aus Ekel, Neugier und Gleichgültigkeit. Jemand postet eine fünfteilige Bilderstrecke eines Wanderwegs in der Eifel, die unter dem Filter so aussieht wie Werbung aus einem Reisekatalog der frühen 00er-Jahre. Die nächste Story ist von Martha, die sie zuletzt auf ihrer Abifeier gesehen hat. Sie postet wie immer irgendeinen Aufruf zu einer Demo. Bei der nächsten Story handelt es sich tatsächlich um Werbung, die Franziska mitteilen will, wie sie ihre Schlafziele erreichen kann. Franziskas Augen schmerzen. Sie googelt: »schmerzende Augen«. Sie überfliegt: Office-Eye-Syndrom. Franziska sperrt ihr Handy und atmet aus. Sie nimmt ein kleines rotes Buch in die Hand, das mit ihr auf ihrem Bett schwimmt. *Les raisins de la galère* von Tahar Ben Jelloun. Sie fächert die Seiten mit dem Daumen bis zu der Stelle, an der eine kleine Karteikarte als Lesezeichen dient. Franziska versucht zu lesen. Die französisch angeordneten Buchstaben ergeben keinen Sinn und sehen schwierig aus. Sie legt das Buch auf ihren Nachttisch und wendet sich doch wieder dem Laptop auf ihren Oberschenkeln zu. Sie drückt die Leertaste, um das pausierte Video weiterzuschauen.

Jana und Tim wollen einen Swimmingpool in den Garten von Tims Eltern bauen, also einen, den man in die Erde einlässt. Tim erklärt der Kamera, welche Schritte dafür vonnöten sind. Es ist relativ kompliziert und sehr teuer, sagt er und kratzt sich fachmännisch an der Stirn. Dann gibt es einen Schnitt. Jetzt sieht man Jana. Sie stellt die Kamera in der Küche ab und zeigt freihändig, welches Mittagessen sie für die beiden zubereiten wird. Es soll einen Linsensalat geben, außerdem backt sie einen Erdbeerblechkuchen, weil sie später Besuch von einem befreundeten Paar bekommen. Jana lächelt in die Kamera. Franziska versucht zurückzulächeln. Dann kommt Tim in die Küche und umarmt Jana von hinten. Franziska findet diese Pose unerträglich und pausiert das Video. Tims Augenlider gefrieren in einer unvorteilhaften Position.

Franziska schließt ihr MacBook.

Franziska versucht zu weinen. Es klappt nicht.

Es ist 12 Uhr 18 und Franziska stellt fest, dass sie jeden Glauben an diesen Tag verloren hat.

Franziska müsste schreiben.

Franziska ist seit zwei Tagen vollkommen unfähig, etwas zu schreiben.

Franziska fühlt sich auf intensive Weise von der Welt abgenabelt.

Franziska hört kein Radio.

Franziska ist in ihrer Misere insgeheim zuversichtlich, weil sie weiß, dass sie nach so einer Phase meistens wieder etwas Gutes schreiben kann.

Franziska muss sich einen Slogan für die Verpackung eines Fruchtriegels überlegen, der ihre nächsten beiden Monatsmieten bezahlt.

Franziska verlässt das Haus nur für Einkäufe, die aus Haferflocken, Konservendosen und Bananen bestehen.

Franziska ignoriert Mehmets Anrufe (zwei).

Franziska ignoriert eine Mail von Johanna.

Franziska drückt auch die Anrufe ihrer Mutter weg (drei).

Franziska versucht zu weinen.

Franziska kann nicht weinen.

Franziska googelt: »weinen wie tipps«

Ein Suchergebnis leitet sie zu einem Artikel über den Vorgang des Weinens.

Franziska denkt, wie unglaublich es ist, dass der Mensch als einzige Spezies weinen kann.

Franziska streut Zimt auf ihr Porridge und fragt sich nach Jahren des Porridge-Frühstücks zum ersten Mal, ob sie Zimt wirklich mag.

Franziska will seit dem Besuch bei ihren Eltern mit niemandem reden.

Franziska postet ein Bild bei Instagram, weil sowieso alles egal ist.

Franziska schaltet ihr Handy aus.

Franziska steht auf und schaut aus dem Fenster. Ein Mann läuft über die Straße unterhalb ihres Fensters im Erdgeschoss. Er sagt »Bruder, nein« in sein Handy. Er schaut kurz in Franziskas Richtung, aber bemerkt sie wahrscheinlich nicht.

Erst am späten Abend schaltet Franziska ihr Handy wieder ein. Ihr Instagram-Post hat 253 Likes bekommen, Aldin hat drei Blitze kommentiert. Dieser Umstand hebt Franziskas Laune leicht.

Sie schreibt ihm eine Nachricht bei Telegram: »hey! sorry, viel los. wann hättest du zeit morgen?«

Die Tasten auf dem Display geben bei Berührung ein leises Klacken von sich. Malo hat ihr immer noch nicht geantwortet.

ACHTZEHN

Während ihre Knie sich heben und senken, denkt Franziska, dass es Tage gibt, an denen alles furchtbar ist, und dass auf diese Tage irgendwann ein Tag folgt, an dem immer noch alles furchtbar ist, aber auch ein wenig lächerlich. Das ist dann ein kleiner, aber entscheidender Schritt.

Aldin hatte sie vor etwa 15 Minuten abgeholt. Als Franziska ihm die Tür geöffnet hatte, hatte er sich keine Mühe gegeben, seine Vorfreude zu verbergen. Franziska hatte in sein offenes, lächelndes Gesicht geschaut, das unter einem sommerlichen Teint lag, und war für einen kurzen Moment in seiner Gutmütigkeit ertrunken. Sie fand es bewundernswert, wenn eine Person ihre Vorfreude offen zeigen konnte. Die meisten Leute hatten Angst, zu ihrer Euphorie zu stehen, sobald sie älter als zwölf waren, weil sie in diesem Alter ein bestimmtes Kontingent an Enttäuschungen angehäuft hatten. Sie trauten sich dann nicht mehr. Franziska hatte gedacht, dass Vorfreude Mut erforderte, und hoffte, dass sie sich später an den Gedanken erinnern würde.

Aldin transportiert einen Apfel im Seitennetz seines Rucksackes. Durch seine Größe macht der Rucksack den Anschein, Aldin und Franziska würden nicht zum Schwimmen, sondern zu einer mehrtägigen Wanderung aufbrechen. Seine Haare sind frisch rasiert, sein Kopf sieht heller aus als sein Gesicht und er trägt eine blaue Schwimmhose, in der ein dunkelgraues T-Shirt steckt. Unterhalb der Schwimmhose erkennt Franziska Aldins sportlich geknorpelte Knie, die ihr ein unbestimmtes Gefühl von Sicherheit vermitteln.

Franziska tritt in die Pedale, sie fahren ein kurzes Stück durch einen kleinen, kompakten Park. Über ihnen zieht Blattwerk hinweg, das seinen sattesten Punkt jetzt, Ende Juli, längst hinter sich gelassen hat. Franziska denkt, dass der Sommer nicht mehr war als ein Trittbrettfahrer des Frühlings, der die ursprüngliche Idee nicht versteht.

Es knackt, als Franziska über gewellte Stücke blassbrauner Rinde fährt, die sich hier großzügig von den Baumstämmen schält und sie in einem Camouflage-Muster stehen lässt.

Franziska denkt: Alles stirbt und wir fahren zum See. Der Fahrtwind und die Bewegung heben ihre Laune.

Sie biegen auf die Promenade eines Flusses, die sich nicht wie eine Promenade, sondern wie ein etwas breiterer Bürgersteig anfühlt, weil sie in Westdeutschland liegt. Begriffe, die an Urlaub, Erholung oder erbauliche Schönheit erinnern, klingen in Westdeutschland in der Regel falsch, findet Franziska. An einer Stelle ist der Asphalt der Promenade weiß gesprenkelt, in einem Baum darüber sitzen unzählige Papageien, sie schreien laut. Franziska und Aldin halten an und betrachten wortlos die grün-roten Tiere, die nicht nur im Baum, sondern auch auf der gegenüberliegenden Reling einer Fähre namens »Rheinlust« hocken. Die Papageien sitzen in gleichem Abstand zueinander. Franziska schaut auf das ruhig fließende Wasser des Rheins und denkt, wie schön die Vorstellung ist, dass es immer weiterfließen wird.

Franziska verbucht es als Pluspunkt, dass Aldin während der etwa 30-minütigen Fahrradtour nicht versucht, ein Gespräch mit ihr anzufangen. Franziska empfindet Gespräche während des Fahrradfahrens als eine Beleidigung für jedes Gespräch.

Der See liegt in einem Naturschutzgebiet, versteckt hinter einer unspektakulären Vorort-Wohnsiedlung abseits des Stadtzentrums.

Franziska denkt: Hippies kennen meistens gute Orte.

Um auf das abgezäunte Areal zu gelangen, müssen die beiden über einen etwa zwei Meter hohen Zaun klettern. Franziska findet, dass sie mit 27 zu alt ist, um über einen Zaun zu klettern, aber sie sagt nichts, stellt ihren rechten Fuß schräg in die enge Masche des grünen Metalls und überwindet den Zaun so leicht, als würde sie täglich über einen Zaun klettern. Auf der anderen Seite fängt sie Aldins riesigen Rucksack auf. Während er klettert, glänzen seine Schienbeine unter feinen, dunklen Haaren in der Sonne.

Es ist Dienstagvormittag, deshalb haben die beiden das Areal fast für sich allein. Nur zwei Fahrräder, die von außen an den Zaun gekettet sind, markieren, dass sich hier noch andere Personen aufhalten müssen. Das weitläufige Gelände besteht zum Großteil aus wiesenartigen Flächen, die Franziska als Heide bezeichnen würde. Zwischen sandigem Boden, der an manchen Stellen behutsam geschwungene Hügel bildet, liegen drei stehende Gewässer.

Franziska sagt: »Wow.«

Am Rande einer Großstadt wirkt das Areal unwirklich, so als hätte jemand »Geheimtipp See Naherholung« mit einem Architektur-Tool am Computer entworfen.

Aldin sagt: »Ja, es ist ein Geheimtipp!«, und lacht dabei.

Aldin lacht etwas zu oft beim Sprechen, es wirkt unsicher und vertrauensvoll.

Als sie in einer strandähnlichen Bucht im Halbschatten ihre Handtücher ausbreiten, zieht Aldin sofort sein T-Shirt aus. »Kommst du mit?«

»Sofort«, antwortet Franziska, »geh ruhig schon mal.«

Als Aldin vorsichtig ins Wasser watet, beobachtet Franziska das glänzende, kreisförmig aufgeschreckte Wasser um seine Waden. Sie findet es angenehm, einen Moment für sich zu sein. Erst nach ein paar Minuten zieht Franziska ihr T-Shirt aus.

Aldins Kopf bewegt sich in einiger Entfernung auf der dunkelblauen Fläche, die plätschernden Geräusche klingen auch über die Entfernung nah, weil es sonst sehr still ist. Franziska wischt mit dem Zeigefinger den Schweiß aus den Rillen ihres sich andeutenden Sixpacks. Dann schaut sie kurz auf ihr Handy. Sie überlegt, ob sie Malo schreiben soll. Franziska denkt, dass sie sich mit Aldin sehr gut fühlt. Sie schreibt nichts, sperrt ihren Bildschirm und steht auf. Als Franziska sich auf dem Rücken treiben lässt und das weiche, kühle Wasser um sich spürt, hat sie für einen kurzen Moment keinen einzigen Gedanken.

Die Situation ist erfreulich normal, als sie sich nebeneinander trocknen lassen. Franziska dreht sich auf den Bauch und denkt, dass sie sich eigentlich den Rücken eincremen müsste. Sie traut sich nicht, Aldin zu fragen, weil beim Rückeneincremen jede Person als Erstes an einen platten Annäherungsversuch denkt. Aldin hat Nüsse und Weintrauben mitgebracht und sie reden über Dinge, die ihre unmittelbaren Lebensrealitäten betreffen. Franziska fragt, wie es in der Provinz läuft. Sie fragt es genau so.

Aldin nimmt eine Weintraube.

»Es läuft gut. Wir verstehen uns. Manchmal ist ein bisschen wenig los und wir hängen aufeinander, gerade jetzt im Sommer sind wir echt auf uns selbst zurückgeworfen. Aber wir reflektieren das ja, und wenn es mal gar nicht geht, dann fahre ich eben in die Stadt.«

Franziska antwortet: »Naja, es ist ja nicht so weit«, und kommt sich in ihren eigenen Worten uninteressant und spießig vor. Schnell fragt sie deshalb in einer umständlichen Satzkonstruktion, wie es Mina geht, und bereut auch das sofort. Franziska schaut irgendwie auf ihre Füße auf der trockenen Wiese. Aldin beobachtet sie von der Seite.

»Ja, ganz gut, glaube ich. Sie macht viel im Garten mit Lo. Manchmal streiten sie, also Mina und Benedikt, aber ich glaube, auf normaler Basis.«

»Mh.«

»Habt ihr irgendwie Stress, also du und Mina?«

»Keine Ahnung.«

Franziska legt sich rücklings auf ihr Handtuch, schließt die Augen und hält Aldins Blick aus.

Plötzlich wird die Ruhe von lauter Schranzmusik unterbrochen, die aus einem tragbaren Gerät dringt, das voluminöser klingt als eine JBL-Box. Franziska und Aldin drehen sich um. Hinter ihnen hat sich ein adipöses Pärchen mit einem Rottweiler und einer aus der Zeit gefallenen Boom-Box niedergelassen. Sie tragen beide ähnlich schmale verspiegelte Sonnenbrillen und schwarze T-Shirts mit dem plakativen Aufdruck eines Festivals, das von der Getränkemarke Desperados gesponsert wird. Weil sich der Himmel langsam orange und lila färbt und ihnen nicht nach einer größeren Auseinandersetzung ist, packen Franziska und Aldin schnell ihre Sachen. Nach einiger Entfernung sagt Aldin: »Fette Nazis«, und Franziska lacht laut auf.

Auf dem Rückweg halten Aldin und Franziska an einem klassischen Imbiss im Vorort, weil sie ihn in seiner Eigenschaft als althergebrachter, klassischer Imbiss im Vorort einladend und hübsch finden. Sie teilen sich eine Portion Pommes mit Ketchup und Mayo.

Während er kaut, beobachtet Franziska Aldin. Alles an ihm, jede kleinste Bewegung, jeder Blick und jedes Wort, drückt Gleichmut aus. Aldin scheint ein grundzufriedener Mensch zu sein. Franziska ist sich unsicher, ob sie diese Tatsache anziehend oder langweilig findet. Sie überlegt, ob sie ihn gerne küssen würde. Sie hat keine Antwort. Franziska zieht eine Pommes durch die Mayo.

Als sie sich an einer Straßenkreuzung verabschieden, ist Franziska froh, dass Aldin keine Anstalten macht, das Treffen weiter auszudehnen. Franziska wäre jetzt gern allein und Aldin scheint das zu spüren oder es geht ihm ähnlich, das kann Franziska zu diesem Zeitpunkt noch nicht genau sagen. Sie lächeln, sagen »Bis bald« und meinen es so, das Lächeln und das »Bis bald«. Als Franziska zurückradelt, fühlt sie sich befreit und müde, wie nach einem Tag am Strand. Ihr Gesicht spannt und auf ihrem Shirt zeichnen sich auf Brusthöhe die feuchten Stellen des Bikinis ab. Sie denkt noch, dass die Leute denken könnten, dass sie schwanger ist. Franziska tritt in die Pedale und freut sich den restlichen Weg über alles, was sie sieht.

Erst als sie zu Hause ist, schaltet Franziska ihr Handy wieder an. Von oben rutscht eine Benachrichtigung auf glattes Licht: eine neue Nachricht von Cyril. Franziska öffnet die Nachricht.

DRITTER TEIL

EINS

Als Franziska Martha erkannte, hatte sie kurz überlegt, in den nächsten Wagen zu fliehen, aber sie war zu schwach gewesen und hatte außerdem einen zugewiesenen Sitzplatz. Franziska dreht sich wieder in Fahrtrichtung. In der Wetter-App auf ihrem iPhone wird die Temperatur dieses Freitags im August mit 40° angegeben. Die Klimaanlage kühlt das Geschehen im Zug etwas herunter, aber auch hier hüllt die Hitze die Situation in wohltuende Trägheit. Franziska stellt sich vor, wie die Fahrgäste zwischen den Beinen schwitzen. Sie legt ihr Handy wieder auf den Klapptisch, der am Vordersitz befestigt ist, und schließt die Augen. Als Martha sich neben sie fallen lässt, ihre Sachen sortiert, zwei Mal Flüssigkeit schluckt, kurz kein Geräusch von sich gibt und dann in einer überraschten Stimmlage »Franziska?????« sagt, ist Franziska darauf vorbereitet.

»Ach, hi!«, schauspielert Franziska überzeugend. Als Martha ins Abteil gehetzt war, ragte ihr überdimensionaler Wanderrucksack über ihren Kopf und sie musste in die Knie gehen, damit sie mit ihm durch die Schiebetür passte. Dann hatte Martha im engen Gang versucht, den Rucksack abzusetzen und ihn in der Ablage über den Sitzen zu verstauen, in der kein Platz mehr war. An ihrem Rucksack hingen klobige Wanderschuhe, die mehrere Fahrgäste in nächster Umgebung gestreift hatten. Der Rucksack drohte immer wieder aus der Ablage zu fallen. Ein großer, schlaksiger Franzose war schließlich aufgestanden und hatte ihr geholfen.

»Wow, das ist ja was«, sagt Martha jetzt, immer noch ein bisschen außer Atem. Franziska war früher nicht direkt mit ihr befreundet gewesen, aber sie kannten sich seit der fünften Klasse und hatten für ein paar Gruppenarbeiten und Referate zusammengearbeitet. Martha lebte damals mit ihren Eltern und ihrer jüngeren Schwester in einem gepflegten Reihenendhaus in einem anderen Vorort der Stadt und hatte zwei Zwergkaninchen.

»Ja, krass, hi! Wie geht's dir?«

In den letzten Jahren hatte Franziska Marthas Leben über ihre Social-Media-Kanäle mitverfolgen können. Neben verschiedenen Demo-Aufrufen postet Martha in ihren Insta-Stories hauptsächlich Infotafeln, die über gesellschaftliche Missstände aufklären. Nachdem Martha zunächst Mitglied der Grünen geworden war, hatte sie sich vor zwei Jahren dazu entschlossen, wieder aus der Partei auszutreten. Die Gründe waren vielfältig und hatten vor allem mit mangelnder Durchsetzungskraft und fehlender Konsequenz in der Rüstungsexportpolitik zu tun, aber damit kannte sich Franziska nicht gut genug aus und hatte die so enttäuschten wie aufgebrachten Worte, die Martha in einer Erklärung zu ihrem Austritt, die sie via Video direkt an ihre Follower gerichtet hatte, sofort wieder vergessen. Kurze Zeit später deaktivierte Martha ihren Account. Nachdem sie ihn einen Monat später wieder aktivierte, wurden ihre Beiträge in Text und Bild zunehmend fordernder und aggressiver. Irgendwann hatte Martha eine Infografik geteilt, die zum Dank einer 19-jährigen Guerillakämpferin erstellt worden war, die während eines Gefechts gegen den IS in Syrien umgekommen war. Auf dem shareable Slide war die verstorbene Kommunistin aus Duisburg mit einem Maschinengewehr abgebildet gewesen. Franziska hatte ihren Daumen lange auf das Bild gedrückt und es über Wochen nicht vergessen können. Sie war Martha daraufhin entfolgt.

Ein Teil von Marthas dicken braunen Haaren liegt in einer kurz geschnittenen Welle auf ihrer Stirn. Darunter bemerkt Franziska erste sich andeutende Alterungen ihrer Haut, tiefer liegende und von mehr Fältchen gerahmte Augen und Poren neben den Nasenflügeln, wo früher keine waren. Außerdem hat Martha mehrere Tattoos auf den Armen, von denen ihr mittlerweile etwa die Hälfte unangenehm ist, vermutet Franziska. Sie findet, dass Martha insgesamt besser aussieht, als sie sie in Erinnerung hat.

»Ja, gut! Also inSgesamt, privat. Wenn man das Weltgeschehen außen vor lässt, haha. Wow, haha, das ist einfach so crazy, dich hier zu treffen! Wie geht's dir? Wo fährst du hin?«

»Nach Paris. Und du?«

»Ach, cool, Paris! Hab ich mitbekommen, du warst mal länger da, oder?«

»Ja.«

»Ich finde Paris so furchtbar, haha. Richtige Drecksstadt. Viel zu teuer und abgehoben. Überbewertet, wenn du mich fragst.«

Franziska nimmt einen Schluck eiskalten ACE-Saft. Sie trinkt das erste Mal ACE-Saft seit irgendeiner präpubertären Klassenfahrt, im Automaten am Gleis hatte es kein Wasser mehr gegeben. Der Saft schmeckt ihr sehr gut.

»Haha, ja, schon okay. Also du fährst nicht nach Paris?«

»Nee, nee, ich gehe wandern mit zwei Freundinnen. Also erst wandern, und dann sind wir zwei Wochen auf so einem Retreat. Ist in der Nähe von Marseille, bisschen ländlicher. In Paris steige ich nur um.«

»Ach, cool.«

»Ja, voll. Ich freue mich so.«

Das Gespräch hat einen kritischen Zeitpunkt erreicht, weil alle Fragen, die die Situation mitbringt, beantwortet sind. Franziska spürt, wie sich unter ihren Achseln Schweiß sammelt. Sie überlegt, wie viel Geld sie zahlen würde, um jetzt einfach Musik hören zu können und dabei aus dem Fenster zu schauen. Sie kommt auf einen kleineren dreistelligen Betrag. Zu diesem Zeitpunkt bleiben ihnen noch planmäßige zwei Stunden und 23 Minuten Zeit nebeneinander.

Dann sagt Martha zu ihrer Erleichterung: »Ja, und sonst? Was machst du in Paris?« Sie scheint sich wirklich dafür zu interessieren. Franziska denkt, wie schade es ist, dass Empathie in ihrer Jugend noch nicht so ein Trend war wie heute.

Nachdem Franziska ein paar Sätze sagt, die Worte wie »Urlaub«, »mal rauskommen« und »Freund:innen besuchen« enthalten, bemerkt sie, dass sie sich in Marthas Gegenwart immer noch wie die Person fühlt, die sie vor etwa zehn Jahren war. Sie erinnert sich daran, dass sie sich in Marthas Gegenwart immer wohlgefühlt hat.

Auf Franziskas ebenfalls ehrliche Nachfrage erzählt Martha von den Stationen ihres Lebens, die Franziska seitdem verpasst hat. Martha war für ihr Studium nach Freiburg gezogen und hatte es da nicht ausgehalten, wegen der deutschen Bio-Nazis dort, Martha pustet von unten Luft gegen ihren stoppeligen Pony, es sieht sehr natürlich aus und scheint in diesem Moment die richtige Geste zu sein. Dann sei sie nach Berlin gegangen und habe in einem Wohnprojekt gelebt, das sei cool gewesen, allerdings hätten sie sich nach anderthalb Jahren auflösen müssen.

»Eigenbedarf«, sagt Martha.

Franziska nickt verständnisvoll. Ihr fällt auf, dass sie es interessant findet, dass Martha und sie das Weltgeschehen während der letzten zehn Jahre etwa gleichaltrig mitbekommen haben, und fragt an bestimmten Stellen nach, um Details über Marthas jeweilige Lebensphase zu erfahren. Von den Therapieformen, die Martha in Anspruch nimmt, gelangen sie schließlich zu unterschiedlichen theoretischen Ansätzen der Gender Studies, über die Martha ihre Masterarbeit geschrieben hat.

»Jedenfalls ist nicht nur Geschlecht sozial konstruiert, sondern eigentlich alles, was wir als Realität beschreiben würden«, sagt Martha irgendwann abschließend. »Es gibt da verschiedene Perspektiven.«

Franziska sagt: »Spannend.«

Alles, was Martha sagt, wirkt unumstößlich und gesetzt, fast so, als würde es von einem Mann kommen. Sie sagt selten »Ehm«, und wenn, dann mit klarer Stimme, als selbstbewusste Pause. Es erinnert Franziska an Mina.

Neben ihnen sitzt ein deutsches Paar mit grauen Haaren und ähnlichen Sandalen. Die Frau hat eine überregionale deutsche Wochenzeitung unter ihren Sitz drapiert und schaut immer wieder interessiert zu Franziska und Martha herüber. Auf der halb verdeckten Titelseite erkennt Franziska einen Teil der Frisur von Angela Merkel. Franziska überlegt, ob die Frau vielleicht denkt, dass Franziska und Martha sich gerade ineinander verlieben. Als Franziska auf die Toilette muss, steht Martha auf und zwinkert der Frau zu, die ihren Kopf schnell zurück nach vorn dreht.

Franziska wankt in Fahrtrichtung durch den schmalen Gang und fühlt sich dabei, als würde sie das Geschehen vorspulen.

Als sie wieder zu ihrem Platz kommt, liest Martha in einem Buch. Es ist eine Edition-suhrkamp-Ausgabe in knalligem Rot, die den Titel »Für einen linken Populismus« trägt. Franziska überlegt kurz, ob sie Martha auf das Buch ansprechen soll, aber sie lässt es. Im Augenwinkel bemerkt sie den Blick der deutschen Frau. Als Franziska eine Nachricht über Datenroaminggebühren in Belgien bekommt, versucht sie, über einen Kommentar dazu das Gespräch mit Martha wieder aufzunehmen, als die einen Schluck trinkt. Martha lächelt freundlich, sagt »Haha, ja« und wendet sich dann wieder ihrem Buch zu. Sie haben zu diesem Zeitpunkt noch planmäßige anderthalb Stunden nebeneinander. Ohne sich die Enttäuschung anmerken zu lassen, steckt Franziska ihre AirPods in die Ohren und scrollt durch bunte Flächen.

Als der Zug nach einer Stunde und 40 Minuten am *Gare du Nord* einfährt, steht Martha als Erste auf. Sie hievt ihren riesigen Rucksack aus der Ablage, vor allen anderen.

Bevor sie das Abteil verlässt, sagt sie, zu Franziska gewandt: »Ciao! Viel Spaß in Paris! War schön, dich mal wiederzusehen.«

»Ja, danke! Ciao!«

Martha dreht sich nicht nochmal zu Franziska um, bevor sie aussteigt. Auf dem Gleis hält Franziska Ausschau nach einem großen Rucksack, aber sie sieht ihn nicht mehr.

ZWEI

Franziska sah Malo von der Nacht in der *Rotonde* an öfter, obwohl sich nie eine Regelmäßigkeit einstellte. Ihr fiel schnell auf, dass er sehr unzuverlässig war. Manchmal schrieb er ihr über eine Woche lang nicht zurück, andere Male schlug er spontane Treffen am selben Abend vor.

Wenn es dazu kam, verabredeten sie sich meistens in einer abgelegenen Bar des Viertels. Franziska trank Bier und Malo trank Bier mit einem Schuss Likör aus Bitterorangen, *Amer Picon*. Franziska empfand es als selbstverletzendes Verhalten, süßen Likör in Bier zu kippen und dann zu trinken, aber versuchte, sich von dieser Tatsache nicht aus der Ruhe bringen zu lassen. Nach zwei Getränken gingen sie in Malos Single-Appartement mit Pantry-Küche, das mit 23 Quadratmetern für Pariser Verhältnisse sehr geräumig und außerdem hell war.

Franziska fand es von sich selbst lächerlich und vorhersehbar, dass Malo das exakte Gegenteil von Cyril zu sein schien. Während Cyril eine warme Sicherheit ausstrahlte, über seine Gefühle kommunizierte und von seinen Freund:innen als loyal und aufrichtig beschrieben werden würde, sah Franziska eine eindrückliche Verlorenheit in Malos Gesicht, die sie so traurig wie anziehend fand. Auf seiner Fensterbank in der Küche stapelten sich geöffnete Barilla-Verpackungen und es roch immer leicht nach kalter Asche.

Wenn sie zusammen einschliefen, was selten und nur dann vorkam, wenn Cyril nicht in der Stadt war, zog Malo Franziska zu sich heran und hielt sie fest. Franziska hatte bis zu diesem Zeitpunkt immer geglaubt, dass sie so nicht einschlafen könne, dass man sich im Schlaf automatisch voneinander löse und dass es das gemeinsame, umschlungene Aufwachen nur in Filmen gab.

Da die Treffen mit Malo so sporadisch waren, gelang es Franziska, ihr schlechtes Gewissen zu ignorieren. In Phasen, in denen es mehr wurde, redete sie sich ein, dass die Affäre gut für ihre Beziehung zu Cyril war. Wenn Cyril ihr vorschlug, etwas zusammen mit Malo zu unternehmen, stellte Franziska sich krank oder tat so, als hätte sie schon etwas vor, sodass er sich allein mit Malo treffen musste. Einmal kam Cyril von einer Verabredung wieder und war sichtlich bedrückt, ein Zustand, der für ihn sehr selten war. Als Franziska ihn vorsichtig fragte, was passiert sei, antwortete er, dass er sich mit Malo gestritten habe.

»Worum ging es?«, fragte Franziska.

»Ich weiß es ehrlich gesagt gar nicht genau. Er ist in letzter Zeit komisch. Er ist immer komisch, aber jetzt besonders. So aggressiv. Keine Ahnung, was ich ihm getan habe.«

»Mh«, machte Franziska.

Einmal im Januar, vor ungefähr acht Monaten, schrieb Malo ihr: »ich überlege irgendwann wieder nach deutschland zu gehen. was denkst du?«

Und dann: »ein mann hat mir heute gesagt dass ich eine gute nase habe«.

Franziska antwortete: »ich hätte nichts dagegen in paris zu bleiben aber in deutschland ist es nicht ganz so teuer«.

Franziska wunderte sich darüber, dass sie Malo nie auf der Straße traf, schließlich wohnten sie nur etwa 200 Meter voneinander entfernt. Sie ertappte sich immer häufiger dabei, wie sie nach ihm Ausschau hielt.

DREI

Als Franziska um 20 Uhr fünf über den Bahnsteig in Richtung der summenden Halle geht, fühlt sie sich wie immer an diesem Ort so, als würde sie eine andere Welt betreten. Manchmal denkt Franziska, dass etwas zu mögen eine Erzählung ist, die man sich selbst und anderen erzählt, bis alle sie glauben. Es ist genauso, wie etwas zu hassen.

Am Ende des Gleises warten einige Menschen, die jemanden aus dem Zug abholen wollen. Franziska lächelt einer untersetzten Frau zu. Franziska ist froh, dass sie von niemandem abgeholt wird.

Die Abendluft ist alt und überhitzt, aber eine kaum spürbare Brise nimmt ihr den drückendsten Teil. Franziska schämt sich dafür, so guter Laune zu sein. Beschwingt von den Eindrücken der neuen Umgebung geht sie vom Bahnhof aus ein paar Stationen zu Fuß, ehe sie schwitzend in den klimatisierten Bus Nummer 26 steigt, um das letzte Stück der *Rue des Pyrénées* ins 20. Arrondissement zu fahren.

Der Mann im Tabakladen an der Ecke ist sehr freundlich. Franziska findet, dass es im 20. Arrondissement insgesamt viele freundliche Menschen gibt, es ist ein bodenständiges Pariser Viertel. Franziska denkt, dass sie erst mit den Jahren wirklich zu schätzen lernt, wenn Personen oder Orte bodenständig und freundlich sind, früher hatte sie das fälschlicherweise als langweilig oder angepasst verbucht.

Während der Kioskverkäufer den Schlüssel heraussucht, den Aylin hier hinterlegt hat, fragt er, woher Franziska kommt.

Franziska sagt: »D'Allemagne.«

Der Verkäufer zieht die Augenbrauen in die Höhe.

»Aaah, d'Allemagne?«

Franziska war schon früher aufgefallen, dass sich im Gesicht vieler Franzosen wahlweise Abneigung oder Bewunderung ausbreitete, wenn sie »Deutschland« hörten, meistens war es eine merkwürdige Mischung aus beidem. In jedem Fall wollten sie dauernd über Deutschland reden. Auch dem Verkäufer ist anzusehen, dass er gern mehr erfahren möchte, oder er will einfach flirten.

Franziska sagt: »Oui, oui, d'Allemagne«, und dann freundlich und bestimmt: »Bonne soirée!«

Als sie die Wohnungstür hinter sich ins Schloss fallen lässt, ist Franziska schweißnass und froh, dass hier sonst niemand ist. Sie ist sich sicher, dass ihre Freude über das Alleinsein mindestens bis zum frühen Nachmittag des nächsten Tages anhalten wird. Franziska reißt die Fenster im Wohnzimmer auf, obwohl es draußen noch heißer ist als drinnen. Die Wohnung ist in zwei Zimmer und eine kleine Küche aufgeteilt. Franziska denkt: Ich habe zwei Zimmer und eine kleine Küche für mich allein. Sie zieht den angenehmen Geruch eines anderen Lebens durch die Nase. Im Kühlschrank steht ein angebrochenes Tetrapack

Ananassaft der Marke happy day. Nachdem sie sich über das Verfallsdatum informiert hat, riecht sie an der Öffnung der Verpackung. Franziska nimmt einen Schluck der kalten, süßen Flüssigkeit, die durch ihren aufgeheizten Körper rinnt und dort kurzzeitig eine kühle Spur hinterlässt. Dann schickt sie Aylin ein Bild des Wohnzimmers und sendet es mit einem Emoji ab, dessen Augen aus Herzen bestehen. Dazu schreibt sie: »Merci mille fois!!!«

Aylin antwortet sofort: »Profites!!« und ein lila Herz.

Franziska findet es schön, dass Aylin nicht zurück nach Heidelberg gegangen ist. Sie hatte sich in den Mann an der Rezeption des Kulturinstituts verliebt, der ihr damals sein Buch signiert hatte. Ihren Hund und ihren Freund in Heidelberg hatte Aylin gleichermaßen für ihn aufgegeben. Franziska hatte den Mann noch nicht kennengelernt, aber er heißt Benoît und scheint Fan von Michel Houellebecq zu sein. Für einen Autor hat Benoît nicht besonders viele Bücher, aber Houellebecqs stehen in einer chronologisch sortierten Reihe auf einem eigenen Regalbrett im Wohnzimmer. Franziska kann sich Aylin und ihre perfekt gestylten Augenbrauen nur schwer mit einem Houellebecq-Fan vorstellen, aber belässt es bei diesem Gedanken. Sie ist froh, dass Benoît anscheinend reiche Eltern und so eine schöne Wohnung hat, die sie nutzen kann, während Aylin und er mit Benoîts Familie Urlaub auf den Antillen machen.

Franziska überlegt, wann der richtige Moment kommen wird, um zu realisieren, warum sie eigentlich hier ist. Auch Aylin hatte sie nur geschrieben, dass sie Paris vermisse, genauso wie Mehmet, »einfach mal raus«. Mina hatte sie nichts geschrieben. Sie hatte seit der Einweihungsparty nichts von Mina gehört.

Franziska nimmt noch einen Schluck Ananassaft und denkt daran, wie absurd es ist, dass sie vorgestern noch an einem See am Rande einer deutschen Großstadt lag und dem Leben auf ganz normale Weise skeptisch begegnen konnte.

VIER

Als Franziska und Mina am Tag nach der Party in der U-Bahn Richtung *Amsterdam Centraal* saßen und die Fahrt über sich ergehen ließen, war die Stimmung zwischen ihnen unverändert angespannt. Die Bahn war sauber, roch normal und ihre Sitzpolster waren in ihrem farbigen Muster ansprechend gestaltet. Diese Umstände sorgten dafür, dass Franziska sich trotz allem okay fühlte.

Sie fragte sich, ob es die Situation zwischen ihr und Mina verschlimmern würde, wenn sie jetzt einfach Musik hören würde, oder ob es längst egal wäre. Als Mina kurz darauf ein Buch mit einem bunten Softcover aus ihrem Jutebeutel zog, das Franziska allein wegen des Covers nie gekauft hätte, steckte sie sich erleichtert die Kopfhörer in die Ohren und hörte tomemitsu - *In Dreams*, weil es zu diesem Zeitpunkt einer der schönsten, traurigsten und selbstmitleidigsten Songs war, die sie kannte, und sie in diesem Moment genau das hatte sein wollen: auf schöne Weise traurig und selbstmitleidig.

Erst am Vormittag, Mina trank gerade die dritte Tasse des grünen Tees, den sie sich von zu Hause mitgebracht hatte, hatte Franziska mit einem Körper, der sich nach höchstens zwei Stunden Schlaf anfühlte, vor der Tür des Airbnbs gestanden. Mina hatte ihr wortlos geöffnet.

»Sorry, ich habe diese Leute kennengelernt und dann wollten sie schnell auf die Fähre, wir waren dann bei einem in der Wohnung und dann ist mein Handy ausge-«, begann Franziska.

»Ist okay«, unterbrach Mina sie, obwohl beide wussten, dass es nicht okay war.

Franziska sagte: »Okay.«

Franziska wollte sagen: »Es tut mir leid.«

Sie wollte sagen: »Warum bist du so sauer?«

Sie wollte schon länger sagen: »Bist du gerade eigentlich generell zufrieden?«

Sie wollte seit einiger Zeit sagen: »Du bist mir wichtig.«

Sie überlegte zu sagen: »Hast du dir keine Sorgen gemacht?«

Stattdessen hatte Franziska einfach ein schlechtes Gewissen, genau so, wie Mina es wollte.

Am Bahnhof verabschiedeten sich die beiden mit einer kurzen Umarmung voneinander. Der Boden glänzte, was Franziska für den Boden eines Bahnhofs unpassend vorkam, er wirkte wie der Boden in einem Museum.

Franziska dachte: Die meisten Leute sind für Konflikte nicht zu scheu, sondern einfach zu müde.

»Ciao«, sagte Mina noch, es hatte unglaublich egal geklungen.

Im Zug zurück nach Paris fühlte sich Franziska von innen dumpf. Sie googelte »Freundinnen Streit Gründe« und vergaß, sich die Ergebnisse anzuschauen. Sie begann eine Telegram-Message an Mina, aber nach drei Worten fühlte sie sich so schwach, dass sie aufgab. Ihre innere Oberschenkelmuskulatur schmerzte, weil der Mann, mit dem sie gestern geschlafen hatte, eine relativ breite Hüfte und einen verhältnismäßig kurzen Penis gehabt hatte. Sie versuchte, sich an seinen Namen zu erinnern, aber er fiel ihr nicht mehr ein. Er hatte Englisch mit starkem niederländischen Akzent gesprochen und Franziska am Abend erzählt, dass seine Eltern aus Uruguay kämen. Sie hatten keine Nummern ausgetauscht und sich am Morgen freundlich voneinander verabschiedet.

Franziska fühlte sich seit geraumer Zeit nicht mehr schlecht nach bedeutungslosem Sex, schließlich wusste sie in der Regel im Vorfeld, ob er bedeutungslos werden würde. Sie schickte das Bild vom schäumenden Wasser an Cyril.

Sie schrieb dazu: »das war gestern. es war so schön! ich bin jetzt auf dem rückweg. wie geht es dir?«

In der Bahn roch es nach Energydrink und gebratenem Reis. Wenn es mir jetzt schon so schlecht geht, dachte Franziska, wie sollte es dann erst morgen werden? Sie dachte es wirklich so: »Wie soll es dann erst morgen werden?«

Franziska überlegte, sich Milchreis zu kochen. Sie nahm sich vor, sich die nächsten Tage nur von Milchreis zu ernähren und zu schreiben.

Cyril antwortete etwa zehn Minuten später das, was man auf eine solche Nachricht antwortete. Er bot an, Franziska vom Bahnhof abzuholen, aber Franziska lehnte dankend ab. Es würde zu spät werden und er müsste schließlich arbeiten am nächsten Tag. In Wahrheit wollte Franziska allein sein, so wie sie die meiste Zeit einfach allein sein wollte, aber das konnte sie Cyril nicht sagen, es hätte ihn gekränkt.

Franziska schaute aus dem Zugfenster und hoffte inständig, dass diese Fahrt nie enden würde. Franziska hätte gern geweint, aber es funktionierte nicht.

Als sie in Paris ankam, regnete es warme Tropfen von einem Himmel, der ungesund aussah.

Als Franziska die Wohnung betrat, war es 21 Uhr fünf und sie fühlte sich matt, aber okay. Ihr Mitbewohner war nicht da, was ihre Stimmung abermals stabilisierte. Sie fragte sich, wann der Moment käme, in dem das Serotonin nicht mehr andocken konnte. Sie googelte »Serotonin loch« und überflog wenige Klicks später ein paar Sätze zum Tryptophangehalt dunkler Schokolade.

Sie dachte kurz daran, Mina zu schreiben, um zu fragen, wie sie sich fühlte. Sie schrieb Mina nicht.

Draußen hatte es aufgehört zu regnen. Franziska rauchte die erste Zigarette des Tages am Fenster. Sie beugte sich über das Gitter des französischen Balkons und fragte sich, ob er auch hier in Frankreich »französischer Balkon« hieß oder einfach nur Balkon. Draußen liefen wenige Menschen über die feuchten Pflastersteine, auf denen kurzzeitig Abdrücke ihrer Schuhsohlen erschienen und wieder verschwanden. Die gelbe Fensterfront, die ihr entgegenleuchtete, erinnerte Franziska wie jeden Abend an ein Puppenhaus. Eine sportliche Frau duschte, Franziska hatte direkte Sicht auf ihre verhältnismäßig breiten Schultern.

Franziska fragte sich, wie oft die Personen im gegenüberliegenden Haus sie beobachteten und wie oft sie sie schon nackt gesehen hatten in einem ausgeleuchteten Fenster.

Franziska war froh, dass sie zwar oft melancholisch wurde, aber fast nie depressiv. Sie fand es schade, dass nirgendwo ein Hund bellte. Franziska drückte die Zigarette am Geländer des französischen Balkons aus und warf den Stummel in die Dämmerung. Dann schaute sie auf ihr Handy und war kurz enttäuscht, dass Cyril ihr nichts mehr geschrieben hatte. Sie sah zwei Nachrichten von Mehmet:

hellllooo [21:02]

wie geht's dir? Wie war amsterdam?? [21:03]

Franziska antwortete nicht sofort. Sie dachte, dass sie viel für ihre Freunde tun würde, aber dass sie ihnen dafür in der Regel sehr spät antwortete. Sie klickte sich stattdessen durch ein paar Instagram-Stories. Dann las Franziska ungelesene Nachrichten, die ihre Mutter ihr vor ein paar Stunden geschickt hatte:

bist du gut angekommen?? Wie war es mit Mina??? 😘😘😘 [18:32]

???? [18:58]

Franziska fühlte ein dringendes Bedürfnis, in einer nach Tannenzapfen duftenden Hütte in einem dichten, feuchten Nadelwald in Schweden zu leben und drei Monate lang mit niemandem zu sprechen. Sie googelte »Nadelwald Schweden« und ihr Bedürfnis verstärkte sich. Während sie das Video eines 18-jährigen Mannes anklickte, der im Zeitraum eines Jahres eigenhändig eine Hütte in einem Wald in Schweden baute, roch es stark nach Currygewürzen in Fett, der Mann unter ihr kochte sonntagabends häufiger so. Das Video war seit einer Woche online und verzeichnete 30 Millionen Klicks. Draußen hielt sich die Schwüle auch nach dem Regen. Nachdem der junge Mann in einer Viertelstunde mehrere Bäume gefällt und mit bloßen Händen ein Fundament aus herumliegenden Steinen gebaut hatte, fühlte Franziska sich so schlecht und unbrauchbar, dass sie das Video pausierte. Sie dachte, dass sie morgen joggen gehen sollte. Franziska sperrte ihr Handy, ohne irgendwem zu antworten. Drinnen schrieb sie unter den Armen schwitzend eine Textpassage in ein neues Worddokument.

> Alles an diesem Freitagabend war in die
> erste dickwattige Schwüle des Jahres
> gewickelt, obwohl es erst Ende Juni war.
> Die Oberschenkel hatten an den weichen
> Sitzpolstern der grobschlächtigen braunen
> Plastikstühle mit verstellbarer Lehne
> geklebt. Die Oberschenkel hinterließen dort
> nach dem Aufstehen feuchte Spuren. Die
> Füße der älteren Anwesenden waren etwas
> angeschwollen, und schon der erste Sekt zum
> Kaffee vor zwei Stunden war allen direkt in

den Kopf geschossen. In Benedikts Game Boy Color steckte die gelbe Edition »Pokémon«, und kurz bevor Margarethe ihn ermahnt hatte, nun endlich raus in den Garten zu kommen, er bekäme noch viereckige Augen, hatte sein Glumanda Level 16 erreicht. Die Silhouette auf dem Display hatte geflackert und es hatte sich, unterlegt mit einem triumphalen Sound, zu Glutexo aufgebäumt. Benedikt hatte abgespeichert und war glücklich nach draußen gelaufen.

Das Tageslicht, das die Menschen, die auf dem rechteckigen Rasenstück hinterm Haus unter einem überflüssigen Pavillon saßen, bisher die Augen hatte zusammenkneifen lassen, wich langsam wohltuender Dämmerung. Die Gesichter lagen nicht weiter in unvorteilhafter Mimik, ihre Züge entspannten sich. Günther erzählte irgendetwas, während er den Grillanzünder fachmännisch zwischen der Kohle platzierte. Er sagte in gespielter Verärgerung Dinge wie »Hömma, Margarethe«, wenn sie etwas Normales von sich gab, und die Erwachsenen lachten ein kehliges Lachen. Neben Käsesahnetorte hatte es Erdbeerblechkuchen und kleine Nussecken gegeben, Benedikt fühlte sich immer noch etwas benommen vom zuckrigen Nahrungsbrei, der schwer in seinem kleinen, sechsjährigen Magen lag. Außerdem langweilte er sich. Die Nachbarschaft im ehemaligen Zechenviertel war während der späten 90er-Jahre erstaunlich kinderarm gewesen. Es waren daher hauptsächlich Senior:innen in farblosen Hemden oder leichten, floral bemusterten Blusen, die um den ovalen Plastiktisch saßen und Vanilleeis aus marmorierten Glasschälchen löffelten. Nicht das erste Mal schaute Benedikt daher mit Interesse zu dem Jungen herüber, der an der anderen Seite des Tisches zwischen seinen Eltern saß und bisher keinen Ton von sich gegeben hatte. Aufmerksam und stumm schaute er dem nachbarschaftlichen Treiben der Erwachsenen zu, »sommerliches Beisammensein« hatten Günther und Margarethe es genannt und dazu per handschriftlichem Aushang im Hausflur des Mehrfamilienhauses, der zu jeder Tages- und Nachtzeit nach fleischlastigem Mittagessen roch, eingeladen. Auch die Eltern des Jungen verhielten sich insgesamt passiv, wie Zuschauer der Situation. Benedikt fiel auf, dass sie sich kaum am Gespräch beteiligten, aber lachten, wenn jemand anderes etwas erzählte, und in den Chor des allgemeinen Gelächters »Jaja, hahaha« sagten.

Frau Demir sah dem, was ihre neue Nachbarschaft unter einem »sommerlichen

Beisammensein« verstand, mit Anspannung und Neugier zu. Sie verstand das meiste nicht, das sich sprachlich rund um die karierte Wachstischdecke ereignete, aber sie hatten sich verpflichtet gefühlt, dazuzukommen, nachdem ein kleiner älterer Mann mit gerötetem Kopf, der sich als Günther vorgestellt hatte, bei ihnen geklingelt und sie freundlich, aber bestimmend eingeladen hatte, am Nachmittag in den Garten herunterzukommen. Mehmets Mutter hatte sich daraufhin in die noch nicht fertig eingerichtete Küche gestellt und Baklava zubereitet, das bisher niemand angerührt hatte. Sie zählte die Wespen auf der zerbröselten Pistazie, aktuell waren es vier. Wenn jemand sich zu ihr wandte und etwas sagte, dann lachte sie und sagte »Jaja, hahaha«, weil es freundlich wirkte und die Leute um sie herum zu befriedigen schien. Jedenfalls fragten sie dann in der Regel nichts mehr und widmeten sich wieder dem Gespräch in der großen Runde, das aus abwechselnden hart klingenden Zurufen der Männer, unvermitteltem Lachen und unangenehmer Stille bestand, fand Mehmets Mutter und sagte »Ja, haha« in das sich neu ankündigende allgemeine Gelächter.

Weil er wusste, dass er bald ins Bett musste, fragte Benedikt Günther, ob er sich noch ein Eis aus der Tiefkühltruhe im Keller holen dürfe. Günther sagte wie erwartet kurz angebunden und unter Margarethes vorwurfsvollem Blick »Ja sicha, Junge« und Benedikt lief um den Tisch, stupste Mehmet von hinten an, der zusammenzuckte.

»Willst du auch Eis?«, fragte Benedikt, und Mehmet, der verunsichert seine Mutter ansah, die ihm darauf aufmunternd zunickte, rannte zusammen mit Benedikt die Stufen hinunter in den Keller.

FÜNF

Einige Wochen später dachte Franziska nur noch selten an Mina. Es war ein Donnerstag Ende September und sie war mit Aylin verabredet, um in den *Palais de Tokyo* zu gehen. Aylin wollte sich dort eine Performance eines Künstlers namens Tino Sehgal ansehen, sie war durch ihren Job an Freikarten gekommen. Franziska konnte mit Performances in den meisten Fällen nichts anfangen, sie verband damit bis zu diesem Zeitpunkt dünne Menschen, die sich in weit geschnittener Kleidung theatralisch auf dem Boden wälzten, um auf Dinge aufmerksam zu machen, die Franziska zu abstrakt waren. Dementsprechend unmotiviert verließ sie die Wohnung und hetzte mit 20 Minuten Verspätung durch die an Menschen überschwappende Stadt.

Seit Franziska mit Cyril zusammenwohnte, kostete es sie noch größere Überwindung, Leute zu treffen, weil sie noch seltener für sich war und ihr die meisten Verabredungen wie eine Verschwendung ihres kostbaren Alleinseins vorkamen. Beim Treffpunkt am Fuße der weißen Treppen des Palais hielt Franziska inne. Sie betrachtete seine symmetrischen Zwillingsflügel, die sich zur Seine hin öffneten, und dachte unvermittelt an ein stalinistisch interpretiertes Brandenburger Tor.

Es war nicht allzu schlimm, dass Franziska zu spät kam, weil sich am Eingang eine Schlange gebildet hatte, in die sich Aylin bereits eingereiht hatte. Franziska war verblüfft darüber, dass so viele Menschen Interesse an einer Performance hatten. Sie begrüßte Aylin und hörte mit einem Ohr zu, wie sie auf Franziskas höfliche Nachfrage hin von ihrem Arbeitstag im deutsch-französischen Kulturinstitut berichtete. Aylin redete sehr gern und staffierte ihre Erzählungen mit unnötigen Details aus, was Franziska in der Regel nicht weiter störte. Wie so oft erzählte Aylin ihr von einer Kulturveranstaltung, die im Kulturinstitut stattgefunden hatte. Diesmal ging es um die Vernissage eines deutschen Schauspielers, der nebenbei auch mit Acryl malte. Aylin sagte, dass auf der letzten Vernissage die Hälfte der Besucher:innen offensichtlich obdachlose Menschen mit dreckigen Fingernägeln gewesen seien und dass ihre Chefin daher heute ein Krisentreffen anberaumt habe. Sie wollte Strategien entwickeln, um ein anderes Publikum anzuziehen, weil die SDF nur kämen, um sich am »Petit Pot« umsonst mit Wein und Snacks zu bedienen.

»Wow«, sagte Franziska und war froh, dass sie als Nächstes an der Reihe waren und Aylin sie nicht nach ihrem Tag fragen konnte.

Der Palais wirkte drinnen noch beeindruckender als von außen. Die Besucher:innen durften nur einzeln oder zu zweit eintreten. Ein kleiner Junge mit rundem Gesicht und Pottschnitt holte Franziska und Aylin ab und führte sie diagonal durch eine der riesigen Hallen. Das Tageslicht fiel durch die Fensterfront, als hätte es heute genau diese Aufgabe.

Der Junge fragte eher beiläufig und mit heller Stimme, was das Schönste war, das die beiden heute erlebt hatten. Aylin erzählte nach kurzer Überlegung von ihrem Mittagessen mit der Belegschaft im Kulturinstitut. Erst als sie die Mitte der Halle erreichten, begriff Franziska, dass sie sich mitten in der Performance befanden. Bevor Franziska etwas sagen konnte, übergab der Junge sie an eine picklige Jugendliche mit Zahnspange, die Franziska auf etwa 15 schätzte und die sie durch einen anderen Teil der Halle mitnahm. In die Länge gezogene Schatten verfärbten die hohen Wände. Die Teenagerin fragte, wann die beiden das erste Mal verliebt gewesen waren. Sie fragte in einer Tonlage, als würde sie höflich um ein Taschentuch bitten. Franziska dachte an Dominik aus der fünften Klasse.

Sie sagte: »Mit zehn oder elf?«

Die Teenagerin nickte interessiert und übergab Aylin und Franziska an eine Frau, die Franziska etwa auf ihr Alter schätzte, vielleicht war sie etwas älter. Die Frau fragte die beiden, ob sie später eine Familie gründen wollten. Aylin erzählte, dass sie schon einen Freund und einen Hund habe. Die Frau übergab sie an einen Mann, der von sich erzählte, dass er zwei Kinder habe und dass seine Frau viel arbeite. Franziska hatte den willkürlichen Impuls, den Mann zu umarmen. Der Mann fragte Franziska und Aylin, wie sie sich kennengelernt hätten und ob sie ein Paar oder Freundinnen seien. Aylin lachte etwas zu laut und sagte: »Freundinnen!«

Dann holte sie ein älterer Mann ab, der sie ein paar Treppen hinunter in die untere Etage des Palais führte. Er stellte keine Fragen, sondern erzählte nur von sich.

»Ich war immer auf der Suche nach der richtigen Form von Gemeinschaft. Lange Zeit dachte ich, dass ich mit Menschen zusammen sein muss, um nicht einsam zu sein. Irgendwann habe ich begriffen, dass mit mir selbst zu sein nicht bedeutet, einsam zu sein. Meine Freizeit verbringe ich am liebsten allein. Ich bin mir selbst bis heute die liebste Gemeinschaft.«

Franziska und Aylin standen jetzt mit etwa 20 Besucher:innen in der unteren, durch Säulen getragenen Halle. Kaum jemand redete, alle verharrten in einer Art gespannten Zuversicht. Plötzlich begann laute, perkussive Musik und aus dem Pulk lösten sich mehrere, bis dahin nicht identifizierbare Tänzer:innen, die zwischen den sich ahnungslos herumwendenden Körpern eine dynamische Choreografie begannen. Sie zogen die Gruppe ohne Berührung mit sich in einen dunklen, katakombenhaften Raum. Die Tür wurde hinter ihnen geschlossen, es war plötzlich stockfinster. Nur langsam gewöhnten sich Franziskas Augen an das Schwarz um sie herum. Dann spürte sie einen Luftzug vor ihrem Gesicht und einer der Tänzer rief laut: »Huh!«

Die Musik wirkte in dem kleineren Raum noch intensiver als zuvor. Franziska tastete sich an die nächste Wand, während der dunkle Raum wieder begann, sich zu bewegen.

Als Franziska und Aylin den Palais nach einer schwer zu definierenden Zeit wieder verließen, schwiegen beide. Auch als die beiden an der Seine saßen und sich jeweils eine Zigarette drehten, hatte weder Franziska noch Aylin ein Wort gesagt.

Franziska würde die nächsten Jahre jeder Person von dieser Performance als dem prägendsten Erlebnis der letzten Jahre erzählen. Es würde kein einziges Mal gelogen sein, obwohl kein Wort dafür angemessen schien, das zu beschreiben, was sie an diesem Nachmittag verstanden hatte.

Als sie nach Hause kam, saß Cyril in der Küche und las etwas. Auf dem Herd stand ein Kochtopf auf kleiner Flamme und es roch gut nach Porree und Kartoffeln. Er fragte Franziska, wie es gewesen war, und sie versuchte - ein wenig schwitzend und atemlos von den vielen hölzernen Treppen in die vierte Etage -, es ihm zu vermitteln. Sie schaffte es nicht zufriedenstellend, aber Cyril nickte trotzdem. Er sagte leise »das freut mich für dich«, zog Franziska zu sich und hielt sie lange.

SECHS

Am Tag nach der Performance saß Franziska an ihrem Schreibtisch und dachte über unzusammenhängende Dinge nach, die im weitesten Sinne mit ihr selbst zu tun hatten. Es war ungefähr zwölf Uhr und draußen war zu ihrem Unbehagen sehr schönes Wetter. Durch die dünne Wand des Appartements hörte sie, wie Cyril telefonierte, sie verstand jedes Wort. Es entspannte Franziska, so wie es sie immer entspannte, wenn eine andere Person telefonierte, mit der sie räumlich verbunden war. Sie hatte die These, dass das etwas war, was sich im Mutterbauch etablierte. Im Fruchtwasser treibend hörte man schon als Fötus dauernd irgendwen um sich herum reden, ohne selbst etwas sagen zu müssen. Sie hatte keine Ahnung, ob das stimmte, aber auch kein Interesse daran, es zu recherchieren. Es sollte einfach ihr Gedanke bleiben.

Als Cyril die Wohnung verließ, mobilisierte Franziska ihren Nacken und massierte mit einer Hand ihre rechte Schulter. Sie fand, dass sie sich verhärtet anfühlte, und nahm sich vor, am nächsten Tag Yoga zu machen. Bald überkam sie das Gefühl, in sich zusammenzufallen, wenn sie noch eine Minute länger auf einem Stuhl sitzen würde, deshalb zog sie ihre Schuhe an, um etwas für ein spätes Mittagessen einzukaufen. Sie freute sich über die Aktivität, weil es normalerweise Cyril war, der kochte und sich um die Einkäufe kümmerte. Am Anfang der Beziehung hatte sie diese Tatsache entspannend und emanzipiert gefunden, allerdings steigerte Cyril sich mit der Zeit zu sehr ins Kochen hinein. Er kaufte übereifrig Rezeptbücher französischer Sterneköch:innen und teure Küchengeräte. Franziska fand, dass die Rezepte zu aufwendig, die Portionen in der Regel zu klein und Cyril für das Ganze zu jung war, aber sie war zu bequem, um ihn darauf anzusprechen.

Als sie an die Luft trat, fühlte sich Franziska dünnhäutig und weich und der ignorante Trubel auf der Straße machte sie wahnsinnig. Franziska hatte das Gefühl, die Überflutung an Reizen könnte ihr körperlichen Schaden zufügen, weil heute nichts in ihr war, um sie abzuschirmen. Franziska dachte: Ich bin ein schlechter Dandy.

Sie kaufte etwas Obst und Bohnen im Glas beim Gemüsehändler an der Ecke. Vor ihr orderte eine Frau, die zu reich aussah für das Viertel, zwei Stangen Lauch. Der Gemüsehändler fragte: »Soll ich den Lauch brechen?«

Die Frau sagte pikiert: »Wenn Sie wollen.«

Der Gemüseverkäufer antwortete: »Wenn ich will«, und brach den Lauch.

Zurück an ihrem Schreibtisch setzte Franziska ihre Kopfhörer auf und hörte *Glamorous* von Fergie. Sie versuchte zu schreiben, obwohl sie wusste, dass es ausgeschlossen war, Musik zu hören und gleichzeitig etwas Sinnvolles zu schreiben. Sie setzte die Kopfhörer ab, rauchte eine frühe Zigarette am Fenster, die ihr körperlich nicht guttat, aber bei der sie das erste Mal an diesem Tag einen klaren Gedanken fassen konnte. Zurück am Schreibtisch fühlte sie sich schwach und gleichzeitig so fokussiert, dass sie augenblicklich wusste, was sie schreiben musste.

Er war vor ihrem ersten Treffen zwar ein wenig nervös gewesen, aber es war nicht so schlimm, wie Benedikt von sich selbst erwartet hatte. Nach den ersten, etwas holprigen Sätzen stellte sich auch ohne Alkohol dasselbe sichere Gefühl ein, das schon am ersten Abend nach der Vernissage dominiert hatte. Es war ein Freitagnachmittag, sie kauften sich eine zuckerarme Fruchtschorle an einem Kiosk, liefen über den Kiesweg einer etwas tristen Grünanlage, die sich etwa auf der Hälfte zwischen ihren Wohnungen befand, und redeten zunächst, ohne dabei besonders viel zu sagen.

Mina merkte schnell, dass Benedikt nicht so gern sprach, deswegen übernahm sie den Hauptredeanteil und stellte die richtigen Fragen, damit er es leichter hatte und das dahinplätschernde Gespräch interessanter wurde. Erst kam sie sich dabei etwas lächerlich vor, weil sie die Rolle der kommunikationsanstoßenden jungen Frau leid war, die sich in sozialen Situationen für die Harmonie zuständig sah, allerdings bemerkte sie, dass das wenige Reden wohl in Benedikts nüchterner Art lag und seine Antworten zwar knapp, aber wohlüberlegt und teilweise mit subtilem Humor durchsetzt waren. Außerdem schien er das, was sie sagte, ohne Süffisanz oder Hintergedanken anzunehmen. Das mochte sie. Auf einer Parkbank überkam Mina schließlich das dringliche Bedürfnis, sich an Benedikt anzulehnen, aber sie hielt sich zurück. Auf manche Leute wirkte ihre körperliche Art abstoßend.

Benedikt mochte es, wenn Mina redete, weil er dann eine Ausrede dafür hatte, ihr kleines, rundes Gesicht mit den großen, wachen Augen anzuschauen, das von ihren perfekt geformten Locken umspielt wurde und im Seitenprofil nur noch klein war und gar nicht mehr rund. Benedikt hätte sich gewünscht, dass sie ihren Kopf an seine Schulter lehnte. Irgendwann musste Mina auf die Toilette und schlug vor, dazu bei ihr vorbeizugehen. Benedikt war sofort einverstanden gewesen.

Als sie an diesem Frühsommertag das erste Mal miteinander schliefen, war es erstaunlich guter Sex, den beide so nicht erwartet hätten. Weil am darauffolgenden Freitag sowohl Mina als auch Benedikt keine Seminare hatten, verbrachten sie auch diesen hauptsächlich in Minas Bett, redeten wenig und lehnten sich aneinander; legten sich aufeinander, was, wie sich herausstellen sollte, nicht nur Mina, sondern auch Benedikt gern mochte. Benedikt war froh, dass er Minas körperliche Nähe so gut aushielt. Er war bisher lieber allein gewesen, außerdem hatte er in der Vergangenheit häufiger Erfahrungen mit Frauen gemacht, die sehr schwere Köpfe hatten oder sehr heiße Haut.

Benedikt blieb noch bis Samstagabend. Neben einer Reihe durchweg positiver Dinge fiel ihm auf, dass Mina viel Wert auf gesunde Ernährung zu legen schien. Morgens pürierte sie eine Art Suppe aus gefrorenen Früchten, die sie anschließend mit einzelnen Walnusshälften, Bananenstücken und verschiedenen Benedikt zu diesem Zeitpunkt gänzlich unbekannten Samen bestreute. Brot esse sie selten, eigentlich nie, sagte sie. Als er am Nachmittag vorschlug, eine Pizza zu holen, bekräftigte sie vorsichtig, aber nachdrücklich die Idee, zu Hause zu kochen. Weil sie merkte, dass Benedikt ihr Verhalten komisch fand, drehte Mina ihr Gesicht, das in diesem Moment auf seinem Bauch lag, in seine Richtung. Sie habe eine leichte Orthorexie, sagte sie betont ernst und lachte, als sie bemerkte, dass er nicht wusste, wie er darauf reagieren sollte. Das hätten eigentlich fast alle Frauen, fügte sie an, rollte sich über ihn vom Bett herunter und deutete Benedikt, nun stehend, mit einer Kopfbewegung, ihr in die Küche zu folgen, die schon damals dreckig war.

Weil Benedikt sich weiterhin als ruhige Person herausstellte, die Mina von vornherein das Gefühl gab, hoffnungslos in sie verliebt zu sein, fiel es ihr leicht, ihre Unsicherheiten und vermeintlichen Schwachstellen von Beginn an offenzulegen. Auch wenn Mina sich selbst als eine Person sah, die sich schnell öffnen konnte, kam ihr diese Offenheit gegenüber einer fast unbekannten Person selbst für ihre Verhältnisse ungewöhnlich vor. Sie spürte in seiner Gegenwart ein Gefühl von Wärme und Sicherheit, das schwer zu leugnen war.

Benedikt hatte nicht gewusst, worum es sich bei Orthorexie handelte, und weil es ihm unangenehm war, nachzufragen, googelte er erst am Samstagabend, als er wieder zu Hause war. Nachdem er einige Artikel zum Phänomen »Orthorexia nervosa« teils gelesen, teils überflogen hatte, war er zu dem Schluss gekommen, dass es Schlimmeres gab als eine übermäßige Beschäftigung mit der Qualität der eigenen Nahrung. Eigentlich hatte jede Person in seinem Umfeld irgendein Problem mit einer psychischen Erkrankung und jede zweite ein größeres. Mehr als die Hälfte der Leute, die Benedikt kannte, nahmen unterschiedliche Therapieformen und/oder

Medikamente in Anspruch. Es wäre fast alarmierend gewesen, hätte Mina mit nichts dergleichen zu tun gehabt. Trotzdem nahm er sich vor, sie nochmal in Ruhe auf die Sache anzusprechen. Wie für das meiste, das irgendwann nochmal in Ruhe angesprochen werden sollte, fand sich auch für dieses Gespräch nie der richtige Moment.

Minas Drang, frisch zu kochen, hatte Benedikt an diesem Samstagnachmittag in die Situation gebracht, ihren Mitbewohner Anton kennenzulernen, der in die gemeinsame WG-Küche kam, während die beiden Gemüse in mundgerechte Stücke schnitten und sich zwischendurch küssten. Anton war ein selbstbewusster Sportstudent, der mit Benedikts Schüchternheit nicht umzugehen wusste und in seiner durch und durch pragmatischen Art kein Verständnis für die Atmosphäre mitbrachte, die im Raum herrschte. Benedikt, den gemeinhin nichts so schnell aus der Ruhe bringen konnte - selbst Small Talk war eine Gesprächssituation, die er zwar nicht beherrschte, deren Beweggründe er mittlerweile aber voll und ganz nachvollziehen konnte -, fühlte sich in Antons breit grinsender Gegenwart sofort unwohl, obwohl sich sein Hormonhaushalt in einem Zustand befand, der es ihm schwer machte, schlechte Gefühle zu entwickeln.

Alle Akzeptanz und Offenheit, die er mit zunehmendem Alter fremden Personen und ihren Lebensentwürfen entgegenzubringen versuchte (einzig den Berufswunsch eines männlichen Gynäkologen empfand Benedikt nach wie vor als befremdlich), zerschellten an Antons breiten Schultern, deren linke ein abstraktes Tattoo in Form einer Sonne zierte, an seinen am Hinterkopf zu einem hohen Dutt gebundenen Haaren, die regelmäßigen Klettersport nahelegten, oder gingen in Antons lauter rheinischer Stimmmelodie unter, die die Satzenden in die Höhe schraubte. Anton gehörte an der Fakultät zur freidenkenden Ballonhosen-Fraktion, die sich in entschiedener Differenz zu den meist blonden muskelbepackten Männern und den zierlichen Fred-Perry-Polo-Studentinnen mit glatten Zöpfen und weißen Sneakern sah.

Anton sagte für Benedikts Wohlbefinden zu oft Dinge wie »Was geht?!« oder »Najot«, außerdem sprach er die Personalpronomen vor Namen mit, »die Laura« sagte er in seinem rheinischen Redeschwall, der sich über Mina und Benedikt ergoss, oder »der Philipp«. Benedikt war sich schnell sicher, dass in seiner Instagram-Bio etwas stehen musste wie »Wanderer 🌳« oder »🌍 Erdenkind 🌍«. Wahlweise beides. Allerdings beobachtete er mit Interesse, dass Mina einen Draht zu Anton zu haben schien. Sie lachte darüber, was »der Johannes« getan hatte, und ihr Lachen wirkte ehrlich. Als Anton von der Party im autonomen Zentrum am letzten Wochenende erzählte, auf der er mit seiner »Knutschperson« Ketamin genommen hatte - es hätte sie »komplett aus der Welt geblasen« -, meinte er kurz, eine Abneigung in Minas Gesicht zu bemerken, doch stattdessen erwiderte sie ernst und aufrichtig: »Das glaube ich dir voll. Ich muss sagen, dass Ketamin auf mich immer sehr beruhigend wirkt. Es ist schön, so intensiv wahrzunehmen, dass Körper und Geist zwei vollkommen unabhängige Dinge sind.«

Weil sie an diesem zweiten Date noch nicht über ihre bisherigen Drogenerfahrungen gesprochen hatten, Benedikt keine Ahnung von Ketamin hatte und längst verliebt war, staunte er darüber, wie Mina es fertigbrachte, die Wirkung eines Pferdebetäubungsmittels im Stil eines Yogi-Tee-Spruchs zu beschreiben, ohne dabei ironisch zu klingen. Yogi-Tee-Sprüche, das dachte Benedikt noch, während Anton weiter von seinem Wochenende berichtete, fanden Leute nach außen hin naturgemäß peinlich und freuten sich heimlich darauf, sie zu lesen.

Während sie an der Arbeitsfläche hantierte, fragte sich Benedikt, wie Mina wohl aufgewachsen war. Sie wirkte nicht wie eine Tochter reicher Eltern, die sie als Teenager »Mom« und »Dad« genannt und die ihre Freundinnen in einer speziellen Phase ihrer späten Pubertät mit Küsschen-Links-Küsschen-Rechts begrüßt hatte. Allerdings konnte man an ihrer Sprache, ihrer Gestik und ihren Interessen ablesen, dass sie mit einem pädagogischen Anspruch großgezogen worden war, der ein anderer gewesen war als der von Günther und Margarethe. Er würde vermuten, dass Minas Eltern ein Haus hatten, um das man herumlaufen konnte. Außerdem wäre es möglich, dass sie mit zwölf zwei Zwergkaninchen als Haustiere gehalten hatte. Vielleicht waren ihre Eltern Lehrer? Nein, das würde ihn wundern, Mina wirkte weder wie ein übermäßig umsorgtes noch wie ein emotional vernachlässigtes Kind. Dazwischen gab es beim Nachwuchs von Eltern in pädagogischen Berufen wenig, fand Benedikt.

Anton machte sich insgesamt eher weniger Gedanken um andere Personen oder seine Wirkung auf sie, aber selbst ihm fiel auf, dass der junge Mann, der da am Küchentisch saß und aussah wie ein übernächtigter Philosophiestudent, sehr zurückhaltend und still war. Anton kreiste seine trainierten Schultern und dachte kurz darüber nach, was Mina wohl mit ihm wollte. Anton verstand sich gut mit ihr. Wenn er ehrlich war, dann war

Mina die erste Frau, zu der er weder sexuelle noch mütterliche Gefühle aufgebaut hatte, sondern sie einfach als Person wahrnahm, aber ihr Männergeschmack ließ ihn zweifeln.

Anton fragte Mina gerade, ob sie später »mitbuffen« wollte, und Mina lehnte dankend ab. Er schien wirklich nicht zu bemerken, wie sehr er störte, dachte Benedikt, der sich einfach nur weitere Gedanken über Mina machen wollte. Vielleicht war sie zur musikalischen Früherziehung gegangen? Es hätte Benedikt nicht gewundert, wenn Mina ihm irgendwann erzählen würde, dass sie Querflöte spielte. Mit großer Sicherheit sprach sie eine zweite Fremdsprache, vielleicht Spanisch? Das musste Benedikt sie sofort fragen. Ihm fiel auf, wie wenig er von dieser Person wusste, obwohl es sich anfühlte, als kenne er sie seit Jahren in- und auswendig. Das, was nun auf sie zukam - die Gespräche, das Kennenlernen von Freundinnen und Freunden und später der Familie, die ersten Streits, die sie noch enger zusammenbringen würden -, das alles machte auf ihn den Eindruck abzuarbeitender Formalitäten. Er war froh, als sie mit zwei Schalen dampfenden Gemüsecurrys wieder in Minas Bett lagen. Sie hatten kurz zuvor festgestellt, dass beide Koriander mochten.

Franziska las sich das Kapitel nochmal durch und überlegte kurz, ob Abstraktion vorbei war. Sie dachte: Ja. Nichts musste mehr auf irgendetwas hindeuten. Alles war längst da. Franziska löschte den Satz über Yogi-Tee-Sprüche, weil er ihr schon nach wenigen Minuten unangenehm war. Dann speicherte sie ab und klappte den Laptop zu.

SIEBEN

In der überhitzten Metro halten sich zwei junge Männer auf, die Franziskas gesamte Aufmerksamkeit auf sich ziehen. Sie fragt sich, ob es an ihrem hormonellen Status liegt oder ob die Männer einfach sehr attraktiv sind. Als einer der Männer einen kleinen Hund hochhebt, den Franziska vorher nicht bemerkt hat, und ihm mehrere Küsse auf die zitternde Schnauze gibt, verliert Franziska sofort das Interesse an ihm. Sie konzentriert sich stattdessen auf den anderen Mann. Franziska versucht, Blickkontakt mit ihm herzustellen, er trägt ein blau-weiß gestreiftes T-Shirt und eine Brille, die ihm im Zusammenspiel mit seinen braunen Locken eine nachdenkliche, studentische Ausstrahlung verleiht. Franziska schätzt ihn auf Mitte 20. Der junge Mann schaut betreten in eine andere Richtung, als ihre Blicke sich treffen. Franziska überlegt, ob sie den Mann gerade sexuell belästigt. Es ist Franziska unangenehm, dass sie solche Gedanken hat. Sie müsste eigentlich traurig sein. Franziska denkt, dass sie besser traurig sein könnte, wenn es kalt wäre. In der Hitze wird Trauer diffus und neblig, man kann sie nicht greifen. Sie drückt von überall und ist gleichzeitig unsichtbar. Franziska versucht, ihrem Gesicht einen authentischen Ausdruck zu verleihen. Sie blickt in die dunkle Scheibe der

Metro und saugt ihre Wangen leicht in den Mundraum, damit es schmaler wirkt. Dabei versucht sie, traurig oder mitleidsvoll oder wenigstens mit Verständnis zu schauen. An der Haltestelle *Père Lachaise* steigt der junge Mann im gestreiften Shirt aus. Franziska findet das schade, weil sie nun außer ihrem Handy keine Möglichkeit sieht, sich von ihren Gefühlen abzulenken. Sie löst den Sog aus ihren Wangen.

Der Treffpunkt ist ein Bistro im 18. Arrondissement, das in Franziskas Abwesenheit neu eröffnet hat. Es werden für Pariser Verhältnisse sehr günstige vegane und vegetarische Gerichte angeboten. Vor dem Laden stehen sich Plastikstühle in Mintgrün gegenüber. Gleich nebenan hängen die roten Markisen der Halal-Metzgereien matt in die Mittagszeit. Franziska hält die Luft an, als sie an ihnen vorbeiläuft.

Vor dem Laden sitzen ein paar junge Französinnen und picken gestikulierend in kleine Reissalate, daneben rauchen ältere Männer mit klobigen Lederschuhen und trinken schwarzen Tee. Obwohl man das vegane Bistro als offensichtlichen Teil fortschreitender Gentrifizierung des Viertels kritisieren könnte, denkt Franziska, dass dieser Außenbereich eigentlich ein schönes Bild abgibt.

Cyril sieht müde aus. Er ist trotz Sommer blass und hat kleine, tief einschneidende Schatten unter seinen Augen. Er redet gefasst, aber leiser, als Franziska es in Erinnerung hat. Außerdem scheint er mittlerweile auch vor dem Abend zu rauchen. Während Cyril konzentriert Tabak in ein dünnes Blättchen rollt, wackelt sein Ohrring.

»Ich habe ihn selten gesehen in letzter Zeit. Nachdem du weg warst, war es noch komischer zwischen uns als vorher. Ich glaube, er war zuletzt sehr zurückgezogen und hat niemanden mehr getroffen.«

Cyril zieht an seiner Zigarette und bläst im Anschluss die Backen auf, als müsste er dem Rauch in seinem Mund mehr Raum geben. Das hat er immer so gemacht.

»Seine Mutter musste den Hausmeister rufen, weil niemand einen Ersatzschlüssel hatte. Er hat Tabletten genommen, die er wahrscheinlich schon monatelang gesammelt hat, keine Ahnung. Er lag auf seinem Bett.«

Cyrils Stimme bricht ab, er schaut auf die Zigarette in seiner Hand.

Dann sagt er: »Er hat einen Brief geschrieben zum Abschied, warte.«

Cyril holt sein Smartphone heraus.

»Seine Mutter hat es mir geschickt, keine Ahnung.«

Franziska zoomt in das Bild, das ein sauber beschriebenes DIN-A4-Blatt auf einer unauffällig bestickten Tischdecke zeigt. Franziska hat den Eindruck, in der ungefilterten Tristesse der Pixel zu ertrinken. Ihr fällt auf, dass sie Malos Handschrift bisher nicht kannte. Sie ist geschwungen und nimmt gleichzeitig sehr wenig Raum ein. Der Text ist auf Französisch und etwas wirr, aber das überrascht Franziska nicht. Malo erwähnt nicht viele namentlich, nur seine Mutter, Cyril und einen anderen männlichen Vornamen, den Franziska nicht kennt. Am Ende steht: »Und an Franziska: Danke für die Wärme.«

Franziska liest den Brief zweieinhalb Mal. Dann gibt sie Cyril wortlos das Handy zurück.

Er sagt: »Er hatte schon früher Probleme, auch in der Schule, Depressionen und so. Er hatte es zwischenzeitlich gut im Griff, glaube ich.«

Sie schauen sich kurz in die Augen. Dann verzieht Cyril seine Lippen zu etwas, das ein Lächeln sein könnte, aber seine Augen werden kälter dabei.

»Er hat es mir gesagt, das mit euch, ungefähr vor drei Monaten. Ich wollte nichts mehr von ihm wissen. Er hat sich noch ein, zwei Mal bei mir gemeldet. Ich habe nicht reagiert.«

Cyril zieht an seiner Zigarette, dabei zittert sie leicht. Franziskas Magen wird zu Stein.

»Ich bin nicht wütend«, sagt Cyril nach kurzem Schweigen. Es klingt wie ein Mantra.

»Die Beerdigung ist übermorgen, wie gesagt, du kannst gerne zur Beisetzung kommen, das hat auch seine Mutter gesagt.«

Franziska kann nicht sprechen, alles in ihr ist leer und dumpf. Die Sonne ist so gewandert, dass sie ihren linken Unterarm anstrahlt. Franziska hofft, dass er anfängt zu brennen.

Sie schaut Cyril an.

Franziska sagt: »Natürlich komme ich.«

Sie will sagen: Es tut mir leid, dass wir uns begegnet sind.

Cyril drückt seine Zigarette aus. Er schaut sie kurz an, bevor er aufsteht, von oben.

»Bis dann«, sagt er.

Auf dem Rückweg konzentriert Franziska sich auf ihre Füße. Sie denkt, dass es keinen Sinn ergibt, dass sie irgendwohin gehen. Es würde sich nie wieder richtig anfühlen, irgendwohin zu gehen. Jeder Schritt auf einen in der Sonne glänzenden Pflasterstein gibt einen grellen Schrei von sich. Ihre Füße schreien kurz nacheinander, immer dann, wenn sie einen Pflasterstein berühren. Der rechte schreit etwas tiefer als der linke. Franziska hält sich im Gehen die Ohren zu.

Irgendwann liegt Franziska auf den Holzdielen in Aylins Wohnung und schaut an den gleichmäßigen Stuck der Decke. Alles ist heiß, geschwollen und taub. Franziska ballt ihre Fäuste und drückt die Fingernägel in ihre Handinnenflächen, so lang, bis es an der Stelle des Mittelfingers feucht wird.

ACHT

Franziska stand auf einer der Terrassen, nahm einen Schluck Champagner und schaute in unendliches Blau aus Meer und Himmel, das von allen Seiten des frühen Nachmittags in ihr Blickfeld zu rücken schien. Sie war sich sicher, noch nie in ihrem Leben so viel Blau auf einmal gesehen zu haben. Franziska schickte ein Foto an Mehmet, das die Schönheit des Ausblicks ungefähr zu einem Zehntel abbildete.

Er antwortete sofort: »wooow, enjoy!!«, und schickte drei Emojis mit Herzen statt Augen.

Die Terrasse gehörte zur Hochzeitslocation in Sète. Es war ein kleines Fischrestaurant hinter hellgelber Fassade, das sich im höher gelegenen Teil der Stadt befand. Auf den mediterran gemusterten Bodenkacheln standen weiß getünchte Tische und Stühle. Sowohl vor als auch hinter dem Restaurant gab es jeweils eine Terrasse, die in der jeweiligen Himmelsrichtung ins Blau ragte.

Alles an der Feier zeugte auf zurückgenommene Weise von viel Geld. Als sie vor etwa einer Stunde angekommen waren, hatten riesige Champagnerflaschen in Eis gelegen, und zwei freundliche Kellner verteilten quadratische, bunt geschichtete Häppchen, die aussahen wie das Weingummi, das Franziska sich als Kind am Kiosk gekauft hatte. Nachdem sie sich ein Quadrat in den Mund gesteckt hatte, stellte sie überrascht fest, dass sie intensiv nach Fisch schmeckten. Cyril und Malo kauten ebenfalls, aber sie schien der Geschmack nicht überrascht zu haben. Schnell hatte Franziska versucht, ihr Gesicht zurück in eine normale Form zu bringen und die weiche Masse in ihrem Mund in einer Serviette verschwinden zu lassen.

Sie zog an ihrer Zigarette und fühlte einen feierlichen Moment, der nichts mit der Feier in ihrem Rücken zu tun hatte, sondern nur damit, dass sie sich auf einer Feier befand und auf dieser Terrasse rauchte. Dann drückte sie ihre Zigarette aus und ging zurück ins Restaurant.

Die meisten der anwesenden Männer trugen blasse Chinohosen und Schuhe aus hellbraunem Leder. Sie sahen aus wie deutsche Jurastudenten. Die Französinnen wirkten wie klassische Französinnen, aber die meisten von ihnen hatten reiche Blicke. Sie schauten mit der typischen Mischung aus Langeweile und Sorglosigkeit im Raum herum, der gefüllt war mit schnell gesprochenen Worten und dem Geruch von Zitrone und gebackenem Fisch.

Franziska stellte sich wieder zu Cyril und Malo. Sie unterhielten sich gerade mit einem befreundeten Zwillingspaar, das sie aus Schulzeiten kannten. Franziska lächelte die beiden Frauen an und schaute zwischen ihnen hin und her. Sie ähnelten sich sehr, aber man konnte sie voneinander unterscheiden, weil eine von ihnen ein symmetrischeres Gesicht hatte als die andere, ihre Züge wirkten neben denen ihrer Schwester spiegelverkehrt. Außerdem redete die eine laut und gestenreich, während die andere ausdruckslos danebenstand. Sie sahen aus wie der aktive und passive Teil voneinander. Franziska hatte die beiden bisher nur flüchtig begrüßt, aber Cyril hatte ihr schon öfter von den Zwillingen erzählt. Sie hießen Luise und Claire und waren als Millionärinnen auf die Welt gekommen. Ihr Großvater hatte eine Firma gegründet, die das in Frankreich bis heute am häufigsten verwendete Presslufthammermodell erfunden und patentiert hatte. Cyril hatte als Kind mit Luise und Claire gespielt, weil seine Eltern mit ihren Eltern befreundet waren.

Claire berichtete gerade in gekonnter Erzählhaltung davon, dass sich ein befreundetes Paar gegenseitig Instagram-Follower zum Jahrestag geschenkt habe.

Cyril sagte: »Unglaublich«, und schüttelte den Kopf.

Franziska dachte: Hippie.

Nachdem sie zu Ende erzählt hatte, richtete Claire ihre Aufmerksamkeit in einer betont schwenkenden Geste auf Franziska, die allen zu verstehen gab, dass es jetzt zumindest kurz um sie gehen sollte. Franziska dachte: Okay.

Claire fragte, was Franziska in Frankreich mache.

Franziska antwortete: »Ich studiere in Paris.«

Claire fragte, was Franziska studiere.

Franziska sagte: »Littérature.«

Claire kommentierte mit hochgezogenen Augenbrauen: »Oh, la littérature, trop cool!«

Franziska war schon häufiger aufgefallen, dass ihrem Studienfach in Frankreich mehr ehrlicher Respekt gezollt wurde als in Deutschland, aber vielleicht lag das daran, dass sie hier mehr mit reichen Leuten zu tun hatte.

Franziska sagte: »Oui, la littérature.«

Dann fragte Claire, wie ihr Paris gefalle.

Franziska sagte, dass es ihr gut gefalle in Paris.

Claire nickte beruhigt und legte Franziska eine Hand auf die Schulter. Für sie schien das gegenseitige Einverständnis über die Tatsache, dass sie beide eine mitteleuropäische Metropole wie Paris mochten, ein bedeutungsvoller Moment zu sein.

Sie sagte: »Paris ist so inspirierend«, und verdrehte dabei die Augen auf eine Art, die Franziska vorkam wie eine Parodie. Um sie zufriedenzustellen, trug Franziska in zwei Sätzen irgendetwas zur speziellen Atmosphäre der Stadt bei. Sie dachte, dass reiche Leute wie Claire mehr Dinge brauchten, aus denen sie Bedeutung schöpfen konnten, schließlich hatten sie viel Zeit und keine Zukunftsängste.

Claire seufzte. Sie sagte noch, dass Franziska sehr gut französisch spreche, und nahm endlich ihre Hand von Franziskas Schulter.

Franziska sagte: »Merci.«

Das Essen dauerte lang, aber darauf hatte Franziska sich eingestellt. Es gab insgesamt sechs Gänge, die in sehr kleinen Portionen gereicht wurden. Es schmeckte Franziska ausnahmslos sehr gut. Abgesehen von der Nachspeise hatte jeder Gang eine Fischkomponente, die zusammen mit einer Gemüsevariation serviert wurde. Die meisten der Portionen wurden auf bunten Cremestreifen angerichtet. Zwischendurch hielten Leute ein paar normale Reden auf das Brautpaar. Spiele gab es keine.

Franziska saß mit Cyril, Malo und dem Zwillingspaar an einem der kleinen Tische. Cyril saß neben ihr, Malo war schräg gegenüber platziert worden. Immer wenn sich eine Flasche des zu den jeweiligen Gängen servierten Weißweins ihrem Ende zuneigte, brachte der freundliche Kellner eine neue. Wie bei jedem Detail dieser Feier versuchte Franziska, sich die Freude darüber nicht zu deutlich anmerken zu lassen. Cyril legte unter der Tischdecke eine Hand auf ihren Oberschenkel. Ihm schien es gut zu gehen. Er beteiligte sich offensiv am Gespräch, das ansonsten hauptsächlich von Claire geführt wurde, zwischendurch lachte er ehrlich. Franziska beobachtete ihn von der Seite und dachte daran, was für ein sympathischer, offener Mann er war. Sie legte ihre Hand kurz auf seine. Als sie wieder in die Runde blickte, bemerkte sie Luises Blick, aber konnte nicht einschätzen, wie lang sie sie schon beobachtet hatte.

Nach dem letzten Gang, einer Art Crème brûlée, die verhalten nach Limette schmeckte, gab es Espresso und die Feier verschob sich übergangslos in den Teil, der die Party werden sollte. Als Franziska in den Raum schaute, fiel ihr auf, dass jetzt ein DJ mit Hut hinter einem MacBook stand, eine Discokugel von der niedrigen Holzdecke hing und auf der Terrasse plötzlich Fackeln standen, die mit Einbruch der Dunkelheit stimmungsvoll brennen würden.

Franziska sagte zu Cyril gewandt, dass sie einen kleinen Spaziergang machen würde. Er fragte natürlich, ob alles in Ordnung sei. Seine Stimme leierte noch nicht, aber sie klang breiter und man hörte den Wein. Franziska mochte es, wenn Cyril betrunken wurde, weil er dann nicht mehr so korrekt war in allem. Sie legte eine Hand auf seine Schulter und sagte, dass sie wirklich nur kurz frische Luft schnappen wolle.

Franziska lief die abschüssige hellbeige gepflasterte Gasse hinunter, als sie hinter sich Schritte hörte. Zu ihrer Überraschung war ihr Luise gefolgt, die Stille der Zwillingsschwestern.

»Je peux te joindre?«, fragte sie mit erstaunlich tiefer Stimme.

Franziska sagte, dass sie sie natürlich begleiten könne. Luise zündete sich eine Zigarette an und sie liefen schweigend nebeneinanderher durch den dämmernden Frühlingsabend.

Um irgendetwas zu fragen, fragte Franziska, ob Luise Sète kenne.

Luise schien gelangweilt von der Frage, was Franziska verständlich fand. Sie murmelte unberührt so etwas wie »Oui, oui«, ihre Eltern hätten hier ein kleines Haus.

Franziska sagte: »Ah.«

Dann schwiegen sie längere Zeit, man hörte nur die Möwen und ihre Füße auf dem glatten Boden.

Irgendwann standen sie im Hafen, den Franziska wie alles an diesem Ort atemberaubend schön fand. Luises Gleichgültigkeit zum Trotz sagte sie: »Wie schön es hier ist.«

Luise beobachtete sie von der Seite.

Dann machte sie: »Mh-mh.«

Dann sagte Luise in derselben Tonlage: »Und du schläfst mit Malo, oder?«

Es fühlte sich für einen kurzen Moment so an, als hätte Franziskas Magen all seinen Inhalt auf einmal verloren. Sie sagte nichts und wich Luises Blick aus, der sie weiterhin an ihrer rechten Wange traf.

»Er hat mein Bein berührt, unterm Tisch. Ich glaube nicht, dass er mein Bein berühren wollte. Und Claires sowieso nicht«, sagte Luise. Sie schaute jetzt gleichmütig in die Ferne und zog an ihrer Zigarette.

Als Franziska nichts sagte, legte Luise sanft den Kopf in den Nacken und hauchte den Rauch in die dämmernde Luft des Hafens: »Ich sag es niemandem, keine Angst. Cyril glaubt immer an das Gute. Irgendwie süß, aber naja. Nicht so aufregend wahrscheinlich.«

Als sie zurückkamen, war die Party in vollem Gange. Der DJ spielte eine Mischung aus aktueller EDM und French House, zwischendurch ein klassisches Party-HipHop-Stück. Die Gäste tanzten ausgelassen, obwohl es gerade erst 22 Uhr war. Franziska trank sehr schnell ein weiteres Glas Weißwein und stellte sich mit einem weiteren zur Gruppe auf der Terrasse. Die kühle Abendluft war zwischen den Heizstrahlern kaum zu spüren. Claire und Cyril diskutierten darüber, ob sie MDMA nehmen sollten. Franziska überlegte, ab wann sie die Feier verlassen konnte, ohne dass es zu offensichtlich war, wie schlecht sie sich fühlte. Sie ging auf die Toilette und schaute filmreif in den Spiegel, als eine ältere Französin die Toilette betrat. Im Spiegel lächelte die Frau sie aus tiefliegenden Augen an. Franziska lächelte im Spiegel zurück und fühlte sich für einen Augenblick das erste Mal an diesem Abend nicht allein.

Als sie die Toilette wieder verließ, stand Malo im Gang und wartete auf sie. Franziska schaute ihn an. Er wirkte sehr betrunken. Sie gingen ein paar Schritte an eine ruhige Stelle des engen Korridors im vorderen Teil des Restaurants. Er sagte: »Wegen gestern.«

Ein Mann mit gegeltem Haar und aufdringlichem Parfüm schob sich entschuldigend an ihnen vorbei.

Franziska sagte: »Es war richtig, was du geschrieben hast. Das geht so nicht mehr. Es geht nicht.«

Malo schien etwas anderes erwartet zu haben. Er berührte sie am Arm und Franziska spürte, wie die Stelle warm wurde. Sie zog den Arm zu sich. Er schaute auf den Boden.

Franziska ließ ihn an der Wand lehnen und ging zurück auf die Terrasse. Cyril legte einen Arm um ihre Schultern, alles roch auf gute Art nach dem Beginn einer Feier im Freien, also nach Sekt und Zigarettenrauch, obwohl es Champagner und Zigarettenrauch waren. Kurze Zeit später kam Malo dazu. Er hatte ein Tablett dabei, auf dem er Wodka-Shots für alle balancierte. Er schaute Franziska nicht in die Augen, als sie sich einen Shot nahm. Als sie den Kopf in den Nacken legte, um möglichst wenig der Flüssigkeit zu schmecken, spielte der DJ Kendrick Lamar - *Money Trees* an und die Partygäste johlten.

Am nächsten Morgen wurde Franziska vom Geschrei der Möwen geweckt und hoffte, das Gefühl des Augenblicks für immer konservieren zu können. Dann öffnete sie die Augen und vergaß es sofort. Cyril lag neben ihr, sie hatte ihn nicht kommen hören.

Franziska war nach den Wodka-Shots noch etwa eine Stunde geblieben, hatte sich dann selbst nicht mehr auf der Party ausgehalten und war früher gegangen als er.

Sie nahm ihr Smartphone vom schnörkellosen Nachttisch und las ein paar erschreckende Überschriften. Dann scrollte sie durch Instagram. Sie checkte gerade ihre Mails, als sie ein Schluchzen neben sich hörte.

Im ersten Moment fand Franziska es bemerkenswert, dass Cyril kurz nach dem Aufwachen weinen konnte.

Sie räusperte sich und fragte ihn dann, was denn los sei.

Cyrils Atem flatterte. Er entschuldigte sich mehrmals. Er wendete sich zu Franziska. Er stammelte mit gebrochener Stimme, dass es ihm leidtue, dass er nicht wisse, was los gewesen sei, dass er sich selbst hasse, dass er Claire geküsst habe, gestern Abend. Sie hätten sich zu viert eine MDMA-Pille geteilt. Sie hätten einen Spaziergang gemacht. Dann sei es passiert. Es habe nichts bedeutet. Sie hätten mal kurz etwas gehabt, zu Schulzeiten. Eine »histoire«, sagte er. Es sei wirklich nur ganz kurz gewesen. Er entschuldigte sich nach jedem dritten Wort und versuchte, Franziskas Arm zu greifen.

Franziska zog ihren Arm weg, schaute ihn nicht an und betrachtete stattdessen die Falten der weißen Bettwäsche, unter der sie ihre Beine angewinkelt hatte. Sie dachte daran, wie sehr sie es mochte, in einem Hotel zu sein. Sie sagte lange nichts, während Cyril sich immer weiter entschuldigte. Irgendwann ließ sie einen Ton aus ihrer Brust, der Cyril innehalten ließ.

Sie sagte: »Okay. Ich muss nachdenken.«

Ein paar Augenblicke später fragte sie: »Und Malo und Luise auch, oder wie?«

Sie spürte, wie sie unter den Armen zu schwitzen begann.

Cyril schüttelte den Kopf.

Franziska schaute wieder auf die weiße Bettwäsche. Sie sagte nochmal, dass sie nachdenken müsse, und stand auf, zog sich vor Cyril aus und ging duschen.

Unter dem heißen Strahl versuchte Franziska, etwas anderes zu empfinden als Erleichterung. Es gelang ihr nicht.

NEUN

Die Beerdigung findet nicht direkt in Paris, sondern in Montreuil statt. Franziska ist das erste Mal hier. Die Straßen und Wohnhäuser sehen aus wie in einem linksliberalen Vorort, dem man das überdurchschnittliche Gehalt seiner Bewohner:innen nicht auf den ersten Blick ansieht. Der Friedhof heißt bei Google »Cimetière nouveau de Montreuil«. Am Eingangstor denkt Franziska, dass das Attribut »neu« am wenigsten von allen Attributen zu einem Friedhof passt. Sie zwingt sich drei Mal, nicht umzukehren.

Als sie über den bröckligen Asphalt in Richtung der kleinen Menschentraube läuft, die langsam den Mittelweg abschreitet, schreien ihre Füße abwechselnd in den überhitzten Vormittag.

Franziska läuft in einigem Abstand zu einem Rücken, den sie schon aus der Ferne als Cyrils Rücken identifiziert hat. Er trägt ein dunkelblaues Sakko, das an den Schultern etwas verknittert ist, es sieht merkwürdig pubertär aus. Die Falten glänzen in der Sonne. Als sie an Malos Grab ankommen, dreht Cyril den Kopf und erkennt Franziska, sein Blick ist etwas weicher als vorgestern.

Franziska bekommt kaum etwas von der Zeremonie mit, sie schaut abwechselnd auf ihre nun stillen Füße und auf fremde Rücken, während sie den alten Pfarrer schnell und heiser reden hört. Franziska ist schlecht darin, die Größe von Menschenansammlungen zu schätzen, aber sie glaubt, dass sich hier etwa 60 Leute aufhalten. Nur als die Urne hinabgelassen wird, bekommt Franziska es mit, dann ist es ganz still. Franziska erkennt zwischen zwei Schultern hindurch eine gebückte Frau und einen kleineren, kompakten Franzosen, die als Erstes an das Grab treten. Jemand in der ersten Reihe schluchzt laut auf. Franziska wendet ihren Blick nach links. Cyril starrt ausdruckslos geradeaus.

Nach der Beisetzung schlägt Franziska Cyrils halbherzige Einladung zum anschließenden Kaffee mit den anderen Trauergästen aus. Sie hat den Eindruck, dass sie ihr heutiges Kontingent, fehl am Platz zu sein, längst aufgebraucht hat. Auch Cyril scheint nicht traurig darüber zu sein.

Als sie zurück in Aylins Wohnung kommt, ist es 14 Uhr 13. Franziska hat seit zwei Tagen keinen Appetit. Sie nimmt sich ein Bier aus dem Kühlschrank. Sie trinkt einen Schluck und schüttet den Rest in den Abfluss der Spüle. Franziska legt sich rücklings auf Aylins grau melierte Couch, die einen angenehmen Härtegrad hat und Franziska insgesamt hochqualitativ vorkommt. Sie greift ihr Handy und öffnet den Chatverlauf mit Malo. Am rechten Rand stehen ihre Nachrichten auf Hellgrün, die letzte war die betrunkene von der Party, unter ihr schwebt nur ein Haken. Malos letzte Nachricht ist die von März:

»spätestens als ich auf spanisch geträumt habe (das

war nach zwei monaten) habe ich mich zum ersten mal als richtiger europäer gefühlt«.

Franziska tippt vorsichtig in das Feld, in dem hellgrau »Message« steht. Der Cursor blinkt blau und in einem anderen, zaghafteren Takt als in einem Textdokument oder in ihrer Notizfunktion auf dem iPhone. Sie schreibt:

> heute in der metro war eine frau, die mit
> dem haltegriff geredet hat. es klang nach
> einem wichtigen gespräch. alles hat sehr gut
> nach tomatensud gerochen. samstags zur
> mittagszeit liegt immer irgendwo der geruch
> von lang eingekochtem tomatensud in der luft.
> ich möchte auch mal einen guten tomatensud
> kochen können.
>
> danke für deinen haltegriff

Franziska sieht zu, wie das Textfeld in den Chat ploppt, als sie auf »Senden« drückt. Sie schaut kurz an den Stuck der Decke. Dann löscht Franziska den Nachrichtenverlauf mit Malo.

ZEHN

Franziska verbringt schwitzende, leere Zeit auf der Couch in Aylins Wohnzimmer, zwischendurch legt sie sich auf den Holzboden. Sie ignoriert alle Anrufe und Nachrichten, irgendwann geht ihr Handy aus und sie lädt es nicht mehr auf.

Nach etwa zwei Tagen hat Franziska Rückenschmerzen vom vielen Liegen und vermeidet es, im Bad ihr Spiegelbild anzusehen. An einem Donnerstag gegen 18 Uhr beschließt sie, zu duschen und einen Spaziergang durch den Pariser Sommerabend zu machen. Sie denkt es genau so: Einen Spaziergang durch den Pariser Sommerabend.

Als sie das Haus das erste Mal seit der Beerdigung verlässt, ist die Luft immer noch lächerlich heiß. Sie läuft ziellos durch die Straßen des Viertels und hört *Le troublant témoignage de Paul Martin* von Paul Martin. Mina hatte ihr den Song damals geschickt, bevor sie nach Paris gegangen war. Franziska fühlt sich sofort zwei Nuancen besser.

Ein Mensch kommt ihr entgegen und Franziska zwingt sich, daran zu denken, was für ein erfreulicher Zufall es ist, dass sie mit diesem Menschen zur selben Zeit auf der Erde lebt. Mina hatte ihr mal gesagt, dass ihr dieser

Gedanke an schlechten Tagen hilft. Franziska denkt: An schlechten Tagen.

Bei den ersten drei Personen kommt Franziska sich lächerlich vor. Nachdem sie mit etwa zehn Menschen ihre gleichzeitige Existenz auf diesem Planeten festgestellt hat, findet Franziska es einigermaßen sinnvoll, durch die Straßen zu laufen und Musik zu hören.

Nach einer weiteren halben Stunde setzt sie sich vor eine Bar und bestellt beim aufmerksamen, sehr freundlichen Kellner ein Bier. Franziska denkt, dass sie die meisten Kellner:innen in Paris entgegen des Klischees bisher als sehr aufmerksam und freundlich wahrgenommen hat. Eigentlich trifft das nicht nur auf die Kellner:innen zu. Generell findet Franziska Franzosen nicht übermäßig unfreundlich, im Gegenteil. Meistens waren sie höflich und behutsam im zwischenmenschlichen Umgang. Das führte zwar zu einer merkwürdigen Distanz, aber die fand Franziska in der Regel erträglicher als die emotionslose Verspanntheit in Deutschland.

Neben ihr sitzt eine ältere Frau, Franziska schätzt sie auf Mitte 50. Die Frau trinkt Weißwein und bittet Franziska um eine Zigarette. Franziska dreht der Frau eine Zigarette. Die Frau fragt Franziska, wo ihr Freund ist. Franziska spürt feine Spucknässe auf ihrer linken Schulter. Sie schaut geradeaus und sagt, dass sie keinen Freund habe. Die Frau lacht und redet weiter. Sie erzählt Franziska in unzusammenhängenden, kurvigen Sätzen, dass sie einen Sohn habe, dass sie sich um Geld keine Sorgen machen müsse und dass sie Feministin sei.

Franziska sagt hin und wieder: »Ah oui.«

Franziska bemerkt, dass die Frau betrunken ist und dabei merkwürdig routiniert wirkt. Die Frau fragt Franziska lallend, aber bestimmt, ob sie Feministin sei. Franziska sagt, dass sie sich nicht vorstellen könne, keine Feministin zu sein. Die Frau lacht und wirft in einer fahrigen Geste mit einer Hand ihr Glas Weißwein vom Tisch, es zerbricht unglücklich und verteilt seine Scherben dynamisch über den Bürgersteig. Franziska beobachtet den dunklen Fleck auf ihrer Hose und zieht vorsichtig ihre Sandale aus, um sie von möglichen Scherben zu befreien. Der Kellner kommt sofort und beseitigt das Gröbste. Franziska fragt freundlich, ob sie zahlen könne. Die lallende Frau lacht in sich hinein und erzählt schon wieder, dass sie einen Sohn habe. Sie sagt: »Es ist ihm peinlich, dass ich Feministin bin.«

Als Franziska zahlt, zahlt die Frau auch.

Sie gehen ein Stück zusammen in dieselbe Richtung, Franziska stützt die Frau, weil sie sich selbst nicht mehr halten kann. Sie hat dünne, knochige Unterarme. An einer Tür bleibt die Frau stehen und schaut Franziska an. Sie wankt.

»Willst du mit reinkommen?«

»Nein, danke«, sagt Franziska.

»Du gehst zu deinem Freund«, sagt die Frau.

»Bonne soirée«, sagt Franziska.

Auf dem Rückweg zu Aylins Wohnung stellt Franziska fest, dass sie sich trotz des intensiven Mitleids für die Frau besser fühlt. Vielleicht ist das so, weil die Frau offensichtlich noch einsamer ist als Franziska selbst. Sie schämt sich für ihre Reaktion, aber kann nichts dagegen tun.

Franziska hört eine Sprachnachricht von Mehmet ab, in der er auf gewohnt unstrukturierte, aber unterhaltsame Weise danach fragt, wie es ihr gehe und was sie so »treibe«. Er hatte wohl vergessen, dass Franziska nach Paris gefahren war. Ihr Verhältnis war seit dem Morgen nach der Party auf dem Land nicht schlechter, aber zurückgenommener als vorher. Franziska hatte ihm einige Tage später wahrheitsgemäß geschrieben, dass sie natürlich nichts dagegen habe, wenn er Lo mochte, dass sie sich in der Situation nur etwas vor den Kopf gestoßen und verlassen gefühlt habe und in ihrer verkaterten Übermüdung sehr dünnhäutig gewesen sei. Sie war sich in ihren Worten wahrheitsgemäß, deeskalierend und erwachsen vorgekommen. Franziska hatte gedacht, dass zurückgenommene Freundschaften vielleicht erwachsene Freundschaften waren.

Als sie am Abend im Bett liegt, kann Franziska nicht schlafen. Sie antwortet Mehmet mit einer diffusen Sprachnachricht, in der sie sich mehrfach dafür entschuldigt, wie diffus die Sprachnachricht ist. Dann tippt Franziska in die Notizfunktion ihres Handys:

> Am Abend des »sommerlichen
> Beisammenseins« stellten die beiden eisessend
> fest, dass sie im selben Block wohnten. Mehmet
> war vor zwei Monaten mit seinen Eltern und
> seiner kleinen Schwester hergezogen und
> sprach zu diesem Zeitpunkt ein paar Brocken

Deutsch, er spielte Pokémon und Fußball. Zwei Tage später klingelte Benedikt bei »Demir« und fragte Mehmet, ob er rauskommen wolle zum Fußballspielen. In den Garageneinfahrten des Vororts, der als »sozial benachteiligt« galt, wurden die beiden sehr schnell Freunde. Im Gegensatz zu Benedikt sollte Mehmet dieses Jahr noch nicht richtig eingeschult werden, da die Grundschulleitung befunden hatte, dass es ihm für die erste Klasse an Kenntnissen der deutschen Sprache mangelte. Benedikt hält das auch jetzt, mehr als 20 Jahre später, für eine dreiste Lüge. Mehmet war normal gut in Deutsch und so gut in Mathe gewesen, dass er Benedikt fast täglich bei den Hausaufgaben half. Benedikt fand es ungerecht, dass er und sein Freund nicht zusammen in die erste Klasse gehen konnten. Während Benedikt im Klassenraum der 1a saß und Schreibschrift lernte, war Mehmet stattdessen in die Vorschule gegangen, die neben dem Grundschulgebäude in einem tristen Anbau aus braunem Holz untergebracht war. Wenn sie Glück hatten, regnete es. Dann mussten die ersten beiden Klassen der Grundschule die große Pause unter dem »Regendach« verbringen, das hinter dem Hauptgebäude an den dunkelbraunen Verschlag der Vorschule grenzte und die Schüler:innen vor Regen schützte. An diesen Tagen tranken sie ihre

Pausenmilch zusammen - Benedikt Kakao, Mehmet Vanillemilch. Sie prosteten sich zu, so wie Benedikt es bei Günther und Margarethe gesehen hatte.

Nach der Schule streiften die beiden ihre Tornister ab (Benedikt hatte einen Samsonite, auf dem Autos abgebildet waren, Mehmet einen der Marke Scout mit Raumschiffen), sie kauften sich eine »gemischte Tüte« ohne Lakritz am Kiosk, der im Ruhrgebiet »Bude« hieß, erledigten kauend ihre Hausaufgaben, vor allem die hellblau-weißen Weingummi-Schlümpfe verklebten die unteren Backenzähne, und spielten danach wetterabhängig Fußball oder Game Boy Color. Mehmet, der nicht nur beim Erledigen der Hausaufgaben ein wenig schneller war, hatte sein Glutexo schon längst dazu gebracht, sich auf Level 36 zu Glurak weiterzuentwickeln.

Benedikt war nach der Schule bald öfter bei Mehmets Familie als bei Günther und Margarethe. Das Mittagessen, das Mehmets Mutter kochte, war schärfer und knoblauchlastiger als das, das er von Margarethe kannte, aber bald mochte er es. Außerdem durfte Benedikt beim Essen mit Mehmet und seiner Schwester fernsehen. Sie schauten *Pokémon* oder *Detektiv Conan,* später schauten sie *Spongebob.* Manchmal kniff Mehmets Mutter ihm fest, aber liebevoll in die

Wange, auch das mochte er. Mehmets Vater sah er fast nie, weil er die meiste Zeit arbeitete.

Als Benedikt an einem Mittwoch im Jahr 1999 kurz vor den Sommerferien erfuhr, dass er auf Anraten seiner Grundschullehrerin Frau Berguster die dritte Klasse wiederholen musste - sie diagnostizierte ihm eine Lese-Rechtschreib-Schwäche -, wurde es, obwohl es schon Abend war, als Margarethe ihn zur Seite nahm, zu einem der glücklichsten Tage seines bisherigen Lebens. Er ging von da an mit Mehmet zusammen in die 3b.

Einmal, auf dem Nachhauseweg, fragte Mehmet Benedikt, warum er bei Günther und Margarethe wohne und nicht bei seinen Eltern. Benedikt antwortete, dass er das nicht genau wisse, dass Margarethe aber mal gesagt habe, dass es ihnen nicht so gutgehe und er deswegen nicht bei ihnen sein könne. Sie hätten ihn, auch das habe Margarethe gesagt, trotzdem sehr gern. Wie immer, wenn er an seine Eltern denken musste, spürte er ein flaues Gefühl im Magen. Er hatte deswegen früh entschieden, so wenig wie möglich an sie zu denken.

Während Benedikt redete und ins Stocken geriet, nickte Mehmet so verständnisvoll, wie ein Achtjähriger nicken konnte, und legte ihm im Gehen kurz eine Hand auf die linke Schulter.

ELF

Am nächsten Morgen sieht Franziska im Posteingang neben zwei Mails der Werbeagentur eine neue E-Mail ihrer Lektorin, die mit dem Betreff »Wichtig!!!« versehen ist. Franziska hat das Bedürfnis, alle E-Mails zu löschen, ohne sie zu lesen. Sie ignoriert sie unter Anstrengung und klickt auf das neuste Video von Tim und Jana, das den einfachen Titel »Überraschung!« trägt. In dem Video sitzen Tim und Jana vor der hellgrau gestrichenen Wand in ihrer Küche, an der ein Regalbrett befestigt ist, auf dem eine größere Anzahl Einmachgläser sauber aneinandergereiht steht. In den Gläsern befinden sich trockenes Getreide und verschiedenfarbige Hülsenfrüchte.

»Naja«, meint Jana und lacht.

»Also, wir wissen gar nicht …«, sagt Tim.

»… wie wir es euch sagen sollen«, lacht Jana in die Kamera.

»Auf drei«, sagt Tim.

»Okay«, sagt Jana.

»Eins, zwei …«

»Wir sind schw-!«

Mit einem kräftigen Schlag auf die Leertaste pausiert Franziska das Video. Sie bemerkt, dass sie angefangen hat zu schwitzen. Franziska atmet drei Mal ein und wieder aus. Dann öffnet sie mit rasendem Puls ihr Textdokument.

Benedikt hatte sich oft ausgemalt, wie es sich anfühlen würde, wenn Mina es ihm sagen würde. Als es schließlich passierte - sie saßen allein beim Frühstück und Benedikt biss gerade in eine Scheibe dickes, körniges Brot unter hellorangenem Aufstrich, der nach einer Kombination aus Mango und Papaya schmecken sollte -, reagierte Benedikt daher mit weniger Euphorie auf ihre Worte, als Mina und ihr in jedem Sinne erwartungsvolles Gesicht es für wünschenswert gehalten hätten. Seit Mina ihn auf der Basis seines Sternzeichens (Steinbock), seines Aszendenten (ebenfalls Steinbock) und seines Feuerzeichens (Skorpion) einer gründlichen Analyse unterzogen hatte, konnte sich Benedikt sein nüchternes Verhalten und seine rationale Art in vielen Situationen besser erklären. Er war am allerliebsten allein, außerdem neigte er aufgrund seines Geburtszeitpunkts und -ortes dazu, die Dinge schon gründlich gedacht zu haben, bevor sie passierten. Ersteres fand Mina (Zwilling/Krebs/Schütze) nachvollziehbar, wenn sie sich anstrengte, Letzteres war für sie an schlechten Tagen auch nach mehreren Jahren Beziehung schwer zu akzeptieren. Es kam immer wieder zu Konflikten, die in ihrer Art dem an diesem Morgen ähnelten.

Auf Benedikts naturgemäß phlegmatische Reaktion (»Oh, ja, cool, oder?«), die sich in ihrer Stimmfarbe nicht sonderlich von der abhob, mit der er sonst Minas Currygerichte aus roten Linsen kommentierte (»Lecker!«), schaute sie ihn ein paar lange Sekunden verständnislos an. Als Benedikt daraufhin einen Schluck Kaffee nahm, um das Stück Brot in seinem Mund aufzuweichen und leichter kauen zu können, verließ Mina in ihrer stürmischen Art die Küche. Benedikt schluckte den nasswarmen Nahrungsbrei, biss nochmal in seine Scheibe Brot und wiederholte das Ritual mit dem Kaffee, bevor er seine Tasse neben dem länglichen Stück Plastik abstellte, das auf dem lackierten Holztisch lag und dessen Weiß in der Morgensonne blendete. Die beiden dunkelroten Striche in der Mitte des Stabs, die darauf hinwiesen, dass sich in Zukunft Grundlegendes verändern würde, waren im hellen Sonnenlicht kaum zu erkennen. Benedikt schaute noch ein paar lange Sekunden auf den Schwangerschaftstest, bevor er aufstand und Mina in ihre Wohneinheit unterm Dach folgte, in der sie sich in Embryonalstellung auf den Boden gelegt hatte. Benedikt kannte das, sie tat das häufig in schwierigen Situationen. Er legte sich hinter sie, ohne sie zu berühren, und sog den Geruch ihrer Locken ein, die so rochen wie immer, ein metallischer Hauch vom Schaumfestiger. Sie lagen etwa zwei Minuten so auf dem Boden. Dann sagte Benedikt leise: »Wow.«

Er sah es nicht, aber er wusste, dass Minas Muttermal auf der rechten Wange sich in diesem Moment zu einem Halbmond formen würde.

ZWÖLF

Auf dem Weg ins 15. Arrondissement öffnet Franziska die Mail ihrer Lektorin.

Liebe Franziska,
vielen Dank für die Kapitel, sie lesen sich sehr interessant! Gerade die multiperspektivische Erzählweise. Vielleicht arbeitest du noch an ein oder zwei Figuren Berufe in der Medienbranche heraus? Digitalisierung spielt ja schon eine Rolle, aber das könnte noch deutlicher sein. Stichwort Medienwechsel. Es wäre bestimmt auch von Vorteil, etwas mehr Haltung zu zeigen an der ein oder anderen Stelle, um Themen herauszukristallisieren. Das könnte wirklich das Porträt einer Generation werden! Lass uns das alles bei einem Telefonat besprechen.
Bitte ruf mich doch zeitnah an.
Ganz herzlich
Gundula

Franziska schließt die Mail, ohne zu antworten, und schreibt an Mehmet: »vielleicht fange ich im herbst eine ausbildung zur fensterbauerin an«.

Danach öffnet Franziska ihr Textdokument. Es besteht

aus 154 Seiten. Sie fährt mit dem Pfeil auf »Löschen«. Das Feld ist blau unterlegt. Sie lässt den Pfeil auf »Löschen«.

Dann speichert Franziska ab und öffnet Google Maps. Sie zoomt auf die Westküste Frankreichs, schiebt die Karte mit dem Cursor nach rechts und vergrößert dann einen kleinen grünen Punkt im Meer, der westlich von Nantes liegt. Dann öffnet sie einen neuen Tab.

Mehmet antwortet sofort: »coole idee!!«

DREIZEHN

Franziska schaut in das sprudelnde Wasser, das die Fähre in einer brodelnden Spur hinter sich herzieht. Die Luft ist feucht und süßlich. Franziska denkt: Kann man sich darunter etwas vorstellen? Feucht und süßlich? Dann denkt sie: Ja.

Sie tippt mit dem Zeigefinger auf das blaue Icon der Mail-App, es ist von einem helleren Blau als das Meer. Dann berührt sie das jungfräuliche Weiß einer neuen E-Mail, der Fahrtwind weht ihr eine Haarsträhne immer wieder ungünstig in die Augen:

Liebe Mina,
ich stehe auf einer Fähre, die mich auf eine Insel namens Belle-Île-en-Mer bringt. Eine schöne Insel im Meer. Wie könnte man nicht auf eine Insel wollen, die so heißt?
Ich kann es eigentlich kaum erwarten, endlich auf dieser Insel zu sein. Die Luft ist feucht und süßlich und schmeckt ein bisschen nach Diesel.
Ich weiß nicht, was genau passiert ist mit uns. Das letzte Mal, dass ich es einigermaßen wusste, war auf einer Fähre. Vielleicht weißt du es auch noch.
Ich glaube, dass die meisten Beziehungen nur geführt werden, um sie zu führen, ohne dass es außer der Angst vor Einsamkeit einen Grund dafür gibt.

Wahrscheinlich ist das mit Freundschaften sogar oft so: Man verspricht sich, sich zu mögen, damit man nicht allein ist, ohne eigentlich zu wissen, ob man sich mögen kann. Man versucht dann, sich zu mögen. Das kann anstrengend werden, und die meisten verlieren das Interesse. Sich anzufreunden ist leicht, befreundet sein ist schwieriger. Romantische Beziehungen haben es da leichter, weil sie nach klareren Regeln funktionieren. Man kann sich auch körperlich zeigen, dass man sich mag, das macht die Sache biologischer und realer. Es gibt dann eine Basis aus Berührung und Wärme für den Rest der Zeit, die zu großen Teilen aus Freundschaft besteht. Allerdings laufen das Ende und die Einsamkeit immer mit. Die Romantik hat ein Ende, die Freundschaft nicht. Sie endet selten konkret, auch wenn sie längst nicht mehr da ist. Die Freundschaft sickert in die Leere, die noch viel schlimmer ist als ihr Ende, das weiß ich jetzt.
Ich habe überlegt, dass wir uns verändern und dass das normal ist. Wir werden ruhiger und komplizierter und die Erfahrung nutzt die Dinge ab, das ist sicher. Das Nächste kann ich nicht mit Sicherheit sagen, es ist nur eine Vermutung. Manchmal, glaube ich, muss man einsehen, dass Freundschaften sich nicht nur verändern, sondern dass sie enden, so wie man es bei romantischen Beziehungen einsehen muss. Vor allem dann, wenn man sich einsam fühlt, wenn man zusammen ist.
Ich hoffe, es geht dir gut. Das ist eigentlich alles.
Franziska

Gesendet von meinem iPhone.

VIERZEHN

Am nächsten Tag sitzt Franziska im klimpernden Frühstücksraum des Hotels und scrollt durch die soliden Bewertungen, die im Internet über das Hotelfrühstück abgegeben wurden. Sie denkt, dass sie auch mal eine Bewertung ins Internet schreiben könnte, immerhin verlässt sie sich dauernd auf Online-Bewertungen. Sie legt das Handy weg und trinkt Orangensaft aus einem kleinen, bauchigen Glas, das sie sonst für ein Weinglas gehalten hätte. Alles ist genau so, wie Franziska es sich vorgestellt hat. Um sie herum sitzen ältere französische Paare mit gebräunter Haut in Stühlen aus Korb und beißen routiniert in fein blätternde Croissants. Sie murmeln eher, als dass sie sprechen, die meisten schweigen. Wenn sie an Franziska vorbeigehen, nicken sie freundlich und hinterlassen kurz den Geruch von Aftershave und weichen Jeanshosen. Franziska denkt, dass sich die verstohlenen Blicke in Grenzen halten, dafür, dass sie als junge deutsche Frau allein in einem für sie viel zu teuren, gediegenen Hotel auf einer kleinen französischen Insel sitzt und vermutlich sehr mitgenommen aussieht. Dann denkt sie, dass ihr gerade jeder verstohlene Blick egal ist. Sie nimmt noch einen Schluck Orangensaft und hat den Eindruck, das erste Mal seit ihrem Frankreichaufenthalt keine größeren Einwände dagegen zu haben, dass ein Tag danach verlangt, durch ihn hindurchzuexistieren. Franziska greift das zweite Mal an diesem Tag nach ihrem Handy und schreibt ihrer Mutter, wo sie ist. Damit sie sich keine Sorgen macht, schickt sie ein Bild des Frühstücksraums dazu und schreibt: »Ich musste mal das Meer sehen«.

Sie kommt sich abgehoben vor. Franziska löscht den Satz wieder. Sie tippt stattdessen: »Ausflug ans Meer«.

Für ihre Mutter würde es trotzdem ein Ereignis sein. Das Meer zu sehen glich für sie mindestens der Bedeutung von Weihnachten. Dann schickt Franziska dasselbe Bild an Mehmet und schreibt: »spontaner inselausflug. ich fühle mich so erwachsen gerade einfach weil ich in einem hotel bin und frühstücke in einem korbstuhl. heute werde ich vielleicht ein tuch tragen, so um den kopf, es fühlt sich danach an, und eine sonnenbrille. ich hoffe es geht dir gut! was macht die jobsuche??«

Dann öffnet sie ihre Mail-App. Mina hat ihr geantwortet.

FÜNFZEHN

Das Gelände des Festivals lag irgendwo in Süddeutschland, etwa eine Dreiviertelstunde von der nächstgrößeren Stadt entfernt, deren Namen Franziska sofort wieder vergaß. Für sie war alles, was innerhalb Deutschlands südlich von Bonn lag, unbekanntes Terrain und eine Herausforderung in Mentalitätsfragen. Sie hatte die Leute hier bisher als pragmatisch, freundlich und in sich ruhend erlebt, die schroffen und harten Seiten des zwischenmenschlichen Umgangs schienen vor allem in anderen Teilen Deutschlands kultiviert zu werden. Süddeutschland hatte auf Franziska immer wie der uninteressante und prosperierende Teil des Landes gewirkt, in dem es gute Luft, viele Ingenieure und keine größeren Probleme gab.

Mehmet hatte sich um die Tickets gekümmert, weil er jemanden kannte, der jemanden kannte, der das Festival mit organisiert hatte. Insgesamt waren sie zu viert: Franziska, Mehmet, Mina und Benedikt, die damals seit etwa einem Jahr ein Paar waren. Franziska war für zwei Wochen in Deutschland, weil in Frankreich ewig dauernde Semesterferien waren. Mina saß am Steuer des Škoda Fabia, den ihre Mutter ihr überlassen hatte. Es war ein normal warmer Julitag.

Franziska hatte die letzte Nacht schlecht geschlafen,

weil sie die Perspektive darauf, die nächsten drei Nächte nicht in ihrem Bett, sondern unter ungewohnten Umständen in einem Zelt zu verbringen, schlecht schlafen ließ. Sie hatte den Gedanken, auf ein Festival zu fahren, von vornherein abwegig gefunden, aber sich darauf eingelassen, um später glaubhaft davon sprechen zu können, wie sehr sie Festivals hasste.

Franziska war trotzdem etwas besser gestimmt als gestern. Sie konnte jetzt sowieso nicht mehr absagen und musste sich zwangsläufig auf die Situation einlassen. Während die Leitplanke der Autobahn ihre Pupillen hektisch von links nach rechts zucken ließ, versuchte Franziska, sich darauf zu freuen, etwas zu unternehmen, das man in jungen Jahren eben unternahm. In ihrem linken Ohr knisterte Zellophan und Mina biss in einen schmalen Balken, der aus gepressten Nüssen, Getreide und getrockneten Früchten bestand. Es sah nach Arbeit aus. Franziska dachte, dass sie sich bei niemandem, der am Steuer saß, so sicher fühlte wie bei Mina. Auf der Rückbank unterhielten sich Mehmet und Benedikt über irgendeinen Film.

Mina sagte: »Lass mal Musik hören, oder?«

Franziska machte sich etwas Sorgen um die Konstellation der Gruppe. Mehmet und Mina waren eindeutig nicht befreundet, auch wenn sie so taten. Ihre einzige Verbindung bestand in Franziska und Benedikt. Wenn sie versuchten, miteinander zu reden - vor allem Mina versuchte das häufig -, wirkte es so, als würden die beiden jeweils eine andere Sprache sprechen. Mit Benedikt hatte Franziska nach wie vor keine Beziehung und von ihm war wie von den meisten Männern nicht viel zu erwarten, wenn es um die Herstellung einer Harmonie innerhalb der Gruppe ging.

Mehmet sagte: »Ich mach was an«, und Franziska reichte ihm das AUX-Kabel auf die Rückbank. Mehmet hatte zu dieser Zeit eine Deep-House-Phase, die Franziska nicht nachvollziehen konnte, aber akzeptierte.

Es lief gerade das zweite, besonders melancholische Stück eines Berliner Technoproduzenten, den Franziska sich unweigerlich als dünn, bebrillt und mit V-Ausschnitt-Oberteil bekleidet vorstellte, als Mina sagte: »Das ist ja Horror«, und die Musik ausmachte.

Mehmet räusperte sich. Danach wurde es auf der Rückbank still und die allgemeine Stimmung kippte.

Das Festival war eher klein, intim und unkommerziell. Die Leute, die ihnen auf der trockenen Wiese entgegenkamen, sahen ungeduscht aus, sie hatten Farbe im Gesicht oder Federn in den Haaren. Bunt bemalte Schilder wiesen auf selbstgebaute Holzverschläge hin, in denen neben veganem Essen unterschiedliche Workshops in Bereichen wie Yoga, Meditation und Tuchakrobatik angeboten wurden. Unter einigen Bäumen standen ökologische Trockentoiletten und eine Reihe Waschbecken aus Aluminium.

Während sie schweigend ihre Zelte aufbauten, zogen Wolken auf. Franziska überlegte, ob sie versuchen sollte, die Stimmung zu retten, aber sie war von der Fahrt für jede Überlegung zu erschöpft. Glücklicherweise regnete es erst, als die Zelte schon standen.

Franziska saß mit Mehmet im Schneidersitz in seinem Wurfzelt der Marke Quechua. Sie aßen jeweils eine notdürftig aufgewärmte Dose Linseneintopf, während die Taschenlampe ihres Smartphones den Akkubalken zusehends kürzer werden ließ. Mehmet besaß zu dieser Zeit kein Smartphone, weil er sich in einer kapitalismuskritischen Anwandlung wieder ein gebrauchtes Prepaid-Handy zugelegt hatte, mit dem er nur SMS schreiben und telefonieren konnte.

Obwohl das Geräusch der Regentropfen auf der Zeltplane eine nicht zu unterschätzende Gemütlichkeit erzeugte, ging Franziska gedanklich alle Möglichkeiten durch, die ihr blieben, um das Festival noch in dieser Nacht zu verlassen und am frühen Morgen wieder in ihrem eigenen Bett liegen zu können. Ihr erschien jede Option zu aufwendig.

Stattdessen sagte Franziska: »Ich hasse es so, jung zu sein.«

Mehmet sagte: »Ach komm, Franziska.«

Mehmet sagte es so, wie er es immer sagte, und Franziska war danach immer noch nicht glücklicher darüber, aber insgesamt positiver dazu eingestellt, in einem Wurfzelt zu sitzen, während es regnete, und lauwarmen Linseneintopf aus der Dose zu essen.

Mehmet erzählte dann etwas von einem Bekannten, der Timo hieß und mit dem er schon ein paarmal feiern gewesen war.

»Feiern« war für Mehmet in dieser etwa einjährigen Phase seines Lebens gleichbedeutend mit Drogenkonsum gewesen.

»Timo kommt morgen an«, sagte Mehmet und pustete überflüssigerweise auf einen Löffel Linsen vor seinem Mund.

Mehmet erzählte in dieser Zeit dauernd von irgendwelchen neuen Bekannten aus dem Nachtleben, aber er ließ sich nie in andere Kreise ziehen. Er schien früh verstanden zu haben, dass das nur Bekannte waren, die in den meisten Fällen Bekannte blieben.

Am nächsten Tag sah alles etwas anders aus, denn das hatten nächste Tage so an sich. Die passiv-aggressive Stimmung zwischen Mehmet und Mina schien sich nicht aufgelöst, aber über Nacht etwas zerstreut zu haben. Franziska hatte überraschend gut geschlafen, die Sonne schien klar und ließ den Regen des Vortags innerhalb kürzester Zeit vergessen. Sie frühstückten zu viert mitgebrachtes Früchtemüsli mit Hafermilch, diskutierten angeregt über die Vor- und Nachteile von Biosupermärkten (Franziska fand sie damals noch klassenfeindlich, Mina ging fast ausschließlich in den Biosupermarkt, Mehmet nur für ausgewählte Produkte und Benedikt hielt sich raus) und liefen gegen Mittag, kurz bevor die Diskussion in einen Streit münden konnte, los, um das Gelände zu erkunden. Alle trugen Sonnenbrillen, außer Mina, die keine Sonnenbrillen mochte, sie waren ihr zu anonym.

Die Gruppe spaltete sich, als Mina sich in einer der Holzhütten für einen Tuchakrobatik-Workshop am Nachmittag anmelden wollte. Mehmet schob seine Brille in die Haare und verdrehte die Augen so, dass es nur Franziska sah. Franziska zwang sich, nicht zu lachen. Sie tranken mitgebrachtes, lauwarmes Dosenbier und liefen zu zweit weiter, weil Benedikt bei Mina blieb. An einer Stelle duftete es so stark nach trockener Kiefer und Sommer, dass Franziska stehen blieb und versuchte, sich für wenige Augenblicke ganz auf den Moment einzulassen. Es gelang ihr nicht lang, weil ihnen ein großer Mann mit Dutt entgegenkam, den Mehmet mit »Yoooo, Timo« begrüßte. Franziska war kurz irritiert, weil sie Mehmet noch nie »Yoooo« hatte sagen hören und diesen Ausdruck bisher nur von blassen Männern kannte, die in ihrer Freizeit Beats produzierten und große Snapbacks trugen.

Sie setzten sich zusammen mit Timo auf einen Baumstamm in der Nähe, der hier ganz natürlich im Gras herumlag. Timo redete tatsächlich wie ein weißer Hip-Hop-Mann mit Snapback, obwohl er aussah wie ein Philosophiestudent, der in einem Wohnprojekt lebte, abends containerte und sich eines Tages selbst versorgen wollte. Er erwähnte mehrere Male den »nicen Vibe«, der auf dem Festival herrsche. Franziska wurde weder von Mehmet noch von Timo in ihr Gespräch über elektronische Musik und deren Produzenten einbezogen und hatte sowieso keine große Lust zu reden. Sie lehnte sich zurück, hörte den Soundchecks zu und dann, mit anbrechendem Nachmittag, der ersten Musik, die bald von allen Seiten auf sie eindrang. Immer mehr Leute kamen an ihnen vorbei, die mit Campingausrüstung und Wanderrucksäcken beladen waren.

Irgendwann fragte Timo, ob sie zusammen 2C-B nehmen wollten.

»Was ist das?«, fragte Franziska.

»Es ist ein bisschen so zwischen MDMA und LSD.

Man ist so energetisiert dann. Ich kann es in Wasser auflösen, ganz geringe Dosis. Dann schmeckt man es nicht und es bleibt so subtil mäßig.«

Die nächsten Stunden würde Franziska rückblickend als blinde Euphorie bezeichnen. Sie lief mit Mehmet und Timo über unterschiedliche Dancefloors, auf jedem tanzten sie ausgelassen, albern und länger, als sie vermutet hätten. Irgendwann tat Mehmet es Timo gleich und zog sein T-Shirt aus. Franziska hätte auch gern ihr T-Shirt ausgezogen. Die Wiese, auf der sie sich bewegten, war plötzlich voller Menschen. Franziska schloss die Augen, bewegte sich zur Musik und dachte länger nichts.

Irgendwann öffnete sie die Augen wieder, weil Mehmets Schulter sie berührte und sehr heiß war. Ihr fiel auf, dass sein gesamter Oberkörper und sein Gesicht zu glühen schienen. Er hatte etwas mehr von dem 2C-B-Wasser getrunken als Franziska, Timo hatte die Dosis eingeteilt. Kurz darauf übergab Mehmet sich auf ein Stück Wiese zwischen ihnen. Die Musik übertönte alles, Franziska sah nur seinen arbeitenden Rücken. Als er sich wieder aufrichtete, wirkte Mehmet so, als wäre ihm sämtliche Lebensenergie entwichen. Timo schien von alldem nichts mitzubekommen, und auch Franziska musste sich zusammenreißen, um dem Ernst der Situation einen Platz in ihrem Kopf einzuräumen. Franziska hakte Mehmet unter und zog ihn mit sich durch die tanzende Menge. Mittlerweile war es längst dunkel geworden. Mehmets Körper zitterte, obwohl seine Haut heiß war.

Die Leute am Sanitärzelt wirkten überfordert und anteilnahmslos gleichzeitig. Da bereits drei Leute behandelt wurden, musste Franziska mit Mehmet hinter dem Zelt warten. Sie fragte nach Wasser. Mehmet hatte sich seitlich auf die Wiese gelegt, sein rechtes Bein zuckte in unregelmäßigen Abständen und sein Rücken krampfte, als müsste er sich nochmal übergeben, aber es kam nichts. Langsam breitete sich etwas in Franziska aus, das sie rückblickend als Panik beschreiben würde. Sie lief nochmal ins Zelt und sprach eine rothaarige Sanitäterin direkt an.

Franziska sagte: »Meinem Freund geht es sehr schlecht, er liegt draußen.«

Die Sanitäterin fragte, ob Mehmet Drogen konsumiert habe, und Franziska bejahte. Die Sanitäterin wrang dabei weiter irgendwelche Handtücher aus und sagte: »Dann hätte er keine Drogen nehmen sollen. Drogen sind hier verboten.«

Franziska machte laut und hilflos: »Ha!«

Als sich ihre Blicke trafen, war Franziska kurz davor, handgreiflich zu werden. Franziska riss ihr ein feuchtes Handtuch aus der Hand und lief wieder hinter das Zelt.

Mehmets Gesicht hatte eigentlich keine Farbe mehr. Franziska strich ihm die schweißnassen Haare aus der Stirn und sagte so etwas wie: »Sie kommen gleich. Sie kommen gleich.«

Franziska stellte fest, dass sie in ihrem Leben bisher nur in Ausnahmefällen beruhigend hatte handeln müssen, wahrscheinlich wäre sie besser darin, wenn sie schon öfter eine Person hätte beruhigen müssen, die nicht sie selbst war. Sie tupfte Mehmet mit dem Handtuch über Hals und Stirn, weil sie nicht wusste, was sie sonst tun sollte. In der

Nähe wurde in unzusammenhängenden Abständen der Bass heraus- und wieder hereingedreht. Franziska identifizierte den Song *Pillen* von Yung Hurn in einer treibenden Technoversion. Leute liefen am Zelt vorbei und riefen aufgeregt ein paar Namen.

Franziska sagte nochmal: »Sie kommen gleich.«

Als nach unbestimmter Zeit immer noch niemand kam, hetzte Franziska wieder nach vorn. In diesem Moment sah sie Mina und Benedikt, die über den Weg vor dem Sanitätszelt liefen. Vielleicht war Franziska davor und danach nie wieder so glücklich darüber, die beiden zu sehen.

Mina sagte nichts, als sie Mehmet sah, sondern rannte sofort ins Zelt. Franziska hatte keine Ahnung, was sie getan hatte und wie, aber Mina kam keine Minute später mit zwei der Sanitäter wieder, die Mehmet sofort ins Zelt trugen. Franziska und Benedikt mussten draußen warten, aber Mina erzählte später, dass sie ihm sofort eine Infusion gelegt und einen Krankenwagen gerufen hatten. Als sie den Sanitätern folgten, die Mehmet auf einer Trage zum Ausgang transportierten, sprachen sie wenig. Das Gelände wirkte überfüllt und war viel zu spärlich beleuchtet, die Sanitäter mussten sich mühevoll ihren Weg bahnen. Eine besonders rücksichtslose Gruppe oberkörperfreier Männer in Ballonhosen versperrte ihnen den Weg, die Sanitäter mussten ihnen kompliziert ausweichen.

»Scheiß Hippies«, rief Mina ihnen hinterher.

Mehmet musste über Nacht im Krankenhaus bleiben. Nachdem er behandelt worden war, konnte Franziska auf einem Stuhl neben seinem Bett bleiben. Sie fragte eine Krankenschwester nach einer Banane und Wasser. Ihre Stimme klang schwach, sie hatte seit dem Müsli am Morgen nichts mehr gegessen. Franziska kam sich unglaublich lächerlich vor.

»Ja mei«, sagte die Krankenschwester freundlich und weich und brachte Franziska drei Bananen, Schokoriegel, eine angerührte Tütensuppe und Bettzeug auf einer Pritsche, die sie kurz darauf hereinrollte. Sie deutete auf die Pritsche.

»Schlaf ein bisschen, gell.«

Mina und Benedikt blieben die Nacht auf dem Festivalgelände, packten ihre Sachen und holten Franziska und Mehmet am nächsten Morgen ab. Die Rückfahrt verlief überwiegend schweigend, aber im Gegensatz zur Hinfahrt war es nicht unangenehm. Neben ihr auf der Rückbank schlief Mehmet schon wieder.

Franziska legte ihre Schläfe an das kühle Fenster. Sie spürte in sich eine seltsame Zufriedenheit und dachte noch häufiger an ihr erstes und einziges Festival-Erlebnis, immer dann, wenn die Luft nach trockener Kiefer duftete.

SECHZEHN

Liebe Franziska,
danke für deine Nachricht.
Ich kann mich gut an den Moment auf der Fähre in Amsterdam erinnern. Da waren wir irgendwie so, wie wir immer waren.
Das Folgende hätte ich dir wahrscheinlich früher sagen sollen, es kommt viel zu spät. Es ist auch nichts Schlimmes passiert, aber es hat irgendetwas ausgelöst. Als du damals auf der Party in Amsterdam plötzlich weg warst, bin ich allein nach Hause. Zwei Straßen von der Wohnung entfernt war diese Bar, so Hedo-Style und Palmen und Palettenmöbel, vielleicht erinnerst du dich. Jedenfalls waren da zwei zugekokste Typen und sie haben mich angesprochen. Ich habe sie ignoriert. Dann ist einer hinter mir her. Er hat nach mir gerufen auf Niederländisch. Sonst war niemand in den Straßen. Dann, an einer Ecke, hat er mich irgendwie eingeholt und mich am Arm gepackt. Ich bin dann einfach losgerannt. Keine Ahnung, ob er mir gefolgt ist, ich glaube nicht, aber ich war panisch. Zum Glück kam dann ein Coffeeshop, der noch offen war, da bin ich einfach rein. Nach zehn Minuten meinte der Besitzer, ich müsse gehen, wenn ich nichts rauchen

wolle. Dein Handy war aus. Dann bin ich raus und zum Appartement gerannt. Ich habe mich so verlassen und schwach gefühlt.

Danach ist es lange Zeit so geblieben, dass ich mich in deiner Gegenwart verlassen und schwach gefühlt habe. Ich weiß, dass du es nicht bist, aber du kannst so kalt sein, Franziska. Ich brauchte danach irgendwie eine Pause.
Vielleicht hast du recht damit, dass man Freundschaften enden lassen muss. Vielleicht sind wir schlau, wenn wir das anerkennen.
Ich hoffe, du hast es schön auf der Insel, und ich hoffe sehr, dass es dir gut geht.

Mina

SIEBZEHN

Franziska schaut in die riesigen Wellen des Atlantiks, die sich in den Sand der französischen Westküste werfen und einen weißen Rand aus Schaum vergessen, wenn sie sich wieder ins Wasser zurückziehen. Sie ist allein, der Strand zieht sich menschenleer in eine angenehme Breite.

Sie denkt: Der Strand ist jeden Tag hier.

Dann denkt sie: Das Meer ist so groß.

Sie schaut lange in die Wellen. Franziska fürchtet sich vor dem hebenden Wasser und empfindet gleichzeitig große Befriedigung.

Nach irgendeiner Zeit kommt das Wasser näher. Obwohl es sie nicht berührt, hat Franziska den Eindruck, ihre Körperränder würden sich langsam in der Gischt auflösen. Die Sonne rauscht tosend, der Sand ist hart und warm.

Franziska denkt: An den Küsten staut sich der Schmerz, weil das Meer ihn nicht haben will.

Franziska sieht zu, wie die glitzernden Bläschen im Sand platzen, eine nach der anderen, lautlos und sanft. Dann spürt sie ein intensives, nicht unangenehmes Ziehen auf Brusthöhe. Plötzlich verläuft das Meer in nassen Schlieren.

Franziska weint lang und ausgiebig. Ihre Schultern zucken unkontrolliert, der Atem zittert durch ihre Brust. Dann wischt sie sich durchs Gesicht. Mit den brechenden Wellen breitet sich ein wohltuendes Gefühl von Müdigkeit in ihrer Stirn aus.

Franziska leckt irgendwie an ihrer nackten Schulter. Es schmeckt sehr salzig. Dann steht Franziska auf.

[to whom it may concern ...

its too beautiful to embrace change and to challenge urself to find something meaningful in it ... i love my friends and love is deep :') i want them to know that always ... but sometimes i get busy and overwhelmed n im not the best at saying how i feel always ... just want to sit around and talk and feel understood together w someone who you like or u find interesting.. thats the best :) and if the day is nice or if the day is not nice but ur inside and its cozy.. thats too wicked. and ur making a soup and eating it together ... just with the stuff in the kitchen.. dont even go out to get ingredients.. no need to follow a recipe.. cause ur grandma taught u to cook w the »sazon« (cooking by tasting w as u go on adding diff ingredients and spices.. no recipes... u can only really cook if u can freestyle in the kitchen she said).. and then u think about how ur grandma taught u that.. and your w someone in the kitchen making something together.. and then u taste it and it warms u up and ur like damn this is fire.. thats what this and i think maybe what »its all« about ... thank u for taking time to read this and i hope you enjoy the album ...

kiss u ...
brian

****If you purchase the full album, you will receive the 48:31 piece of music as one file as a bonus track, as well as the eight separated tracks***]*

DJ Python - bandcamp.com

Im Besonderen möchte ich Christopher Szwabczynski, Carla Schäfer und Lasse Stötzer für ihre Neugier, Katharina Kloppenborg für ihre Offenheit, David Rupp und Alfio Furnari für ihr Vertrauen, Susi Bumms für ihre Cover-Ideen, Wolfgang Froemberg für den allerersten Support und allen Bewohner:innen des Schloss Ringenberg sowie den Koordinator:innen des Programms **stadt.land.text** *im Jahr 2020 für den Raum, die Zeit und die Ruhe danken.*

Aus Verantwortung für die Umwelt hat sich
der *Verlag Kiepenheuer & Witsch* zu einer
nachhaltigen Buchproduktion verpflichtet.
Der bewusste Umgang mit unseren Ressourcen,
der Schutz unseres Klimas und der Natur
gehören zu unseren obersten Unternehmenszielen.

Gemeinsam mit unseren Partnern und Lieferanten
setzen wir uns für eine klimaneutrale Buchproduktion ein,
die den Erwerb von Klimazertifikaten
zur Kompensation des CO_2-Ausstoßes einschließt.

Weitere Informationen finden Sie unter:
www.klimaneutralerverlag.de

FSC
www.fsc.org
MIX
Papier aus verantwortungsvollen Quellen
FSC® C014496

1. Auflage 2022

Covergestaltung: FAVORITBUERO, München
Covermotiv nach einer Idee von Susi Bumms
Gesetzt aus der Odile
Satz: Buch-Werkstatt GmbH, Bad Aibling
Druck und Bindung: GGP Media GmbH, Pößneck
ISBN 978-3-462-00252-2